DAS PERFEKTE DINNER

DIE BESTEN REZEPTE

Inhalt

Das Beste aus über 3000 Sendungen

... und eine Laufzeit von über 10 Jahren – die TV-Koch-Doku „Das perfekte Dinner" auf VOX ist Kult! Und darum ist jetzt auch der perfekte Moment, die besten Rezepte der vergangenen Jahre in diesem Buch zu sammeln.

Das Must-have für alle Dinner-Fans

Sie wollen die Schwiegereltern beeindrucken, den Frühling feiern oder einfach mal Danke sagen? Wählen Sie aus 60 Siegerrezepten der Sendung Ihre persönlichen Favoriten aus und der Erfolg in Form von „Mmmhs" und „Ahhhs" ist Ihnen sicher. Egal, ob Sie Ihre Gäste mit einem saisonalen, regionalen, vegetarischen oder exotischen Menü verwöhnen wollen: Mit unserem Mix-and-match-Baukasten aus Vorspeisen, Hautgerichten und Desserts finden Sie garantiert die passenden Rezepte. Und für alle, die sich den Kopf darüber nicht zerbrechen wollen, gibt es am Ende des Buchs individuelle Vorschläge für perfekte Menüs. So bleibt viel Zeit, um sich auf die Hauptsache zu konzentrieren und einfach loszukochen!

Kreieren Sie Ihr eigenes perfektes Dinner

Sie brauchen noch Ideen und Tricks für das ganze Drumherum? Wir geben Ihnen Tipps und Inspirationen, damit alle Vorbereitungen – vom Einkauf bis zum Timing in der Küche – perfekt klappen. Für akute Notfälle gibt es eine Pannenhilfe, die Ihnen zeigt, wie Sie kleine Missgeschicke kaschieren, sodass keiner etwas merkt. Und weil ein schönes Essen ohne leckere Drinks nur eine halbe Sache ist, finden Sie innerhalb der einzelnen Kapitel auch noch jede Menge Anregungen für Aperitifs, Digestifs und eine stilvolle Bier- und Weinbegleitung.

In diesem Sinne wünschen wir ein gutes Gelingen und viele aufregende und bereichernde Geschmackserlebnisse!

Gut geplant ist halb gewonnen

Ach, was koch ich nur? Wer ein perfektes Dinner abliefern will, muss sich schon ein paar Gedanken machen. Es gibt vieles zu beachten: Welche Lebensmittel harmonieren besonders gut? Welche Aromen bilden einen interessanten Gegensatz? Was sieht auf dem Teller hübsch aus? Auch das Drumherum soll stimmen: Begleitende Getränke und ein schönes Ambiente machen den Abend erst rund. Dazu gehört zum Beispiel leise Musik im Hintergrund, die im Idealfall zum Thema des Menüs passt. Auch die Beleuchtung ist wichtig.

DIE TOP TEN FÜR EIN GELUNGENES MENÜ

1. **EIN MENÜ BESTEHT MINDESTENS AUS DREI GÄNGEN** – der Vorspeise, dem Hauptgericht und dem Dessert. Sie können sich aus unseren Rezepten Ihr persönliches Traum-Menü zusammenpuzzeln. Am Ende des Buchs haben wir aber auch nach Themen sortierte Vorschläge für perfekte Dinner zusammengestellt (siehe ab Seite 146).

2. **SORGEN SIE FÜR ABWECHSLUNG:** Aromen und Zutaten sollten sich innerhalb der verschiedenen Gänge nicht wiederholen. Wenn Sie zum Beispiel Spargel und Erdbeeren als Vorspeise servieren, sollte der Hauptgang keine der beiden Zutaten enthalten.

3. **VARIIEREN SIE DIE GARMETHODEN!** Gebratene Jakobsmuschel, gebratenes Rinderfilet, Crème brulée? Langweilig! Vermeiden Sie Eintönigkeit, indem Sie rohe mit gekochten Speisen kombinieren und möglichst unterschiedliche Zubereitungsarten wählen. Gemüse kann man kochen, braten oder dämpfen. Es schmeckt aber auch roh oder gegrillt. Variieren Sie cremige mit knackigen bissfesten Gerichten.

Behalten Sie bei der Zusammenstellung des Menüs den Anlass oder das Motto im Auge. Das erleichtert die Planung: Speisenauswahl, Getränke, Deko und Ambiente ergeben sich fast von allein, wenn Sie Ihrem perfekten Dinner ein Thema geben (z.B. Frühlingsdinner, italienischer Abend oder Sommernachtstraum).

4.

5. **ENTSCHEIDEN SIE SICH BEVORZUGT FÜR SAISONALE UND REGIONALE LEBENSMITTEL:** Frische, Reife und Qualität sind oft besser, wenn der Weg von Feld und Stall in die Küche möglichst kurz ist. Kräuter lassen sich perfekt auf dem heimischen Fensterbrett ziehen. Und wer über einen sonnigen Balkon oder kleinen Garten verfügt, kann auch eigenen Salat und Cocktailtomaten anbauen. Das funktioniert natürlich nicht, wenn Sie einen asiatischen Abend oder eine afrikanische Nacht planen. Dann kaufen Sie am besten in gut sortierten Asialäden ein.

6. **EIN CLEVERES ZEITMANAGEMENT** hilft bei der Stressvermeidung: Einkaufen kann man in mehreren Schritten – von den haltbaren Lebensmitteln in der Woche davor bis zu den frischen Zutaten am Tag der Einladung. Viele Speisen lassen sich schon am Vortag zubereiten. Suppen sind in dieser Hinsicht perfekt geeignet. Auch Salatdressings halten sich im Kühlschrank ein paar Tage ebenso wie viele Desserts. Zudem sinnvoll: Überlegen Sie vor dem Kochen, ob Herdplatten und Backofen zum parallelen Zubereiten mehrerer Gänge ausreichen. Falls nicht, müssen Sie die einzelnen Menübestandteile nacheinander kochen.

7. **DIE DEKO:** Das Auge isst mit. Sorgen Sie bei Ihrem perfekten Dinner für eine behagliche Atmosphäre, damit Ihre Gäste sich rundum wohlfühlen. Der Tisch sollte festlich, aber schlicht gedeckt sein. Ist die Deko zu üppig, bleibt kein Platz für die Speisen und man kann seinem Gegenüber nicht in die Augen sehen, weil Kerzen und Blumen im Weg sind. Reichen Geschirr und Besteck? Haben Sie genügend Servietten in Reserve? Passen die Kerzen farblich zur Deko? Gibt es für jeden Gast ein Kissen?

8. **WENIGER IST MEHR!** Dieser Grundsatz gilt auch bei der Menüplanung. Überlegen Sie, wie viel Zeit Sie in die Vorbereitung des Menüs investieren wollen, welche Küchentechniken Sie sicher beherrschen und was Sie vor der nächsten Einladung lieber noch mal üben wollen.

9. **BEHALTEN SIE DAS BUDGET IM AUGE.** Feiern macht ja großen Spaß, aber wenn es dafür den Rest der Woche nur noch Kartoffeln gibt, ist die Freude schnell vorbei. Also: Ein Menü muss nicht nur aus Trüffel, Kaviar und Co. bestehen!

10. **WÄHLEN SIE PASSENDE GETRÄNKE AUS.** Als Faustregel gilt: Zu Fisch, Geflügel und leichten vegetarischen Gerichten passen trockene Weißweine, zu rotem Fleisch, deftigen Eintöpfen und mediterranen Speisen schmeckt Rotwein. Als Aperitif eignet sich Champagner oder Sekt. Ein edelsüßer Dessertwein, zum Beispiel Eiswein, Vin santo oder Sauternes, ist ein toller Begleiter fürs Dessert oder zum Käse. Aber: Mittlerweile können Sie auch mit Bier punkten. Mehr dazu lesen Sie auf Seite 86. Und: Nicht jeder Gast möchte Alkohol trinken. Halten Sie deswegen auch ausreichend stilles und sanftes Mineralwasser sowie verschiedene Fruchtsäfte bereit.

|||||||||||||||||||||||||||||||||||

Wie heißt es so schön? Liebe geht durch den Magen. Wer das nicht glaubt, sollte seinen Liebsten mal ein sorgfältig zubereitetes Menü auftischen. Das kurbelt die Glückshormone an und wirkt entspannend – wissenschaftlich bewiesen!

|||||||||||||||||||||||||||||||||||

Die besten Vorspeisen

Wildkräuter-Blumensalat

1. Für das Dressing alle Zutaten in eine Schüssel füllen und mit dem Schneebesen zu einer homogenen Vinaigrette verrühren.

2. Für die Croûtons von Hefezopf oder Brioche die Rinde abschneiden. Den Zopf in kleine Würfel schneiden. Die Butter in einer Pfanne zerlassen und die Hefezopf- oder Briochewürfel darin bei mittlerer Hitze knusprig braun braten.

3. Für den Salat die Blüten vorsichtig abbrausen und zum Trocknen nebeneinander auf ein sauberes Küchentuch legen. Die Wildkräuter und Salatblätter verlesen, waschen und trocken schleudern. Die Tomaten waschen und halbieren. Die Sprossen waschen und in einem Sieb abtropfen lassen.

4. Die Möhren putzen, schälen, halbieren und längs in dünne Stifte schneiden. In einem Topf Wasser aufkochen und die Möhren darin 1 Minute blanchieren. In ein Sieb abgießen und abtropfen lassen.

5. Die Möhrenstifte durch das Dressing ziehen und auf fünf Teller oder Schüsseln verteilen, Salatblätter und Wildkräuter daraufschichten, darauf die Tomatenhälften anrichten. Das Dressing darüberträufeln und zum Schluss Sprossen, Blüten und nach Belieben Croûtons darüberstreuen.

Zutaten für 5 Personen
Für das Dressing
3 EL Balsamico bianco
2 EL Orangensaft
5 EL Öl (z. B. Maiskeimöl, Rapsöl, Sonnenblumenöl)
1 EL Sesamöl
2 EL Honig
1 EL süßer Senf
1 Msp. gekörnte Gemüsebrühe (Instant)

Für die Croûtons (nach Belieben)
200 g Hefezopf oder Brioche
1 EL Butter

Für den Salat
1 Handvoll essbare Blüten (z.B. von Kapuzinerkresse, Borretsch, Weißklee)
je 1 Handvoll junge Rote-Bete-Blätter, Wiesensauerampfer, Rucola, junger Kopfsalat und Baby-Spinat
10 bunte Cocktailtomaten
100 g Kressesprossen
2 Möhren

DAS AUGE ISST MIT: Dieser Salat ist nicht nur eine Gaumenfreude, sondern auch ein Augenschmaus – und übrigens auch ein Magenschmeichler, denn die wilden Kräuter stecken bis obenhin voller toller Inhaltsstoffe, die rundum gesund sind.

Mango-Mozzarella-Avocado-Salat

Zutaten für 5 Personen
1 rote Chilischote
200 ml frisch gepresster
   Orangensaft
Salz // Pfeffer aus der Mühle
7 EL Olivenöl
4 EL Akazienhonig
75 g Pinienkerne
400 g Büffelmozzarella
2 große reife Mangos
1 Bund Rucola
2 reife Avocados
Saft von 1 Limette

1. Die Chilischote längs halbieren, entkernen, waschen und in schmale Streifen schneiden. Den Orangensaft in einem Topf langsam auf die Hälfte reduzieren. In eine Schüssel füllen und mit Salz, Pfeffer, Olivenöl, Honig und Chilistreifen zu einer Vinaigrette verrühren.

2. Die Pinienkerne in einer kleinen Pfanne ohne Fett anrösten und beiseitestellen. Den Büffelmozzarella in 1 cm große Würfel schneiden. Die Mangos schälen, das Fruchtfleisch auf den flachen Seiten vom Stein und in 1 cm große Würfel schneiden. Den Rucola verlesen, waschen und trocken schütteln, grobe Stiele entfernen.

3. Die Avocados halbieren und jeweils den Stein entfernen. Die Avocadohälften schälen und das Fruchtfleisch in 1 cm große Stücke schneiden. Mit dem Limettensaft beträufeln. Avocados mit Salz und Pfeffer würzen.

4. Zum Anrichten einen Metallring von etwa 8 cm Durchmesser auf einen Teller setzen und jeweils eine Lage Avocados einfüllen. Darauf die Mozzarella- und Mangowürfel setzen. Alles mit einem Löffel festdrücken und mit der Orangenvinaigrette beträufeln. Den Ring abheben. Den Rucolasalat mit der restlichen Vinaigrette in einer Schüssel vermischen. Salat auf dem Türmchen verteilen, mit Pinienkernen bestreuen und servieren.

Oktopus-Carpaccio in Limetten-Vinaigrette

1. Den Oktopus waschen, mit Küchenpapier trocken tupfen und im Dampfgarer bei 100 °C 30 bis 40 Minuten garen. Herausnehmen und mindestens 2 bis 3 Stunden abkühlen lassen.

2. Inzwischen für die Vinaigrette die Limette heiß abwaschen und trocken reiben. Die Schale fein abreiben, die Limette halbieren und auspressen. Saft und Schale mit Olivenöl, Senf und 1 TL Wasser mischen. Mit Salz, Pfeffer und Zucker würzen. Alles zu einer cremigen Vinaigrette rühren.

3. Die Tomaten waschen und in kleine Würfel schneiden. Vom Salat die äußeren Blätter entfernen. Den Salat waschen und trocken schleudern. Die Blätter in mundgerechte Stücke zupfen und auf Teller verteilen.

4. Den abgekühlten Oktopus mit einem scharfen Messer in hauchdünne Scheiben schneiden, auf dem Salat anrichten und die Vinaigrette darüberträufeln. Kapernäpfel und Tomatenwürfel in kleinen Schälchen dazureichen.

Zutaten für 5 Personen

2–3 kg Oktopus
1 Bio-Limette
6–8 EL Olivenöl
ca. 1 TL Dijon-Senf
Salz
Limetten-Pfeffer (ersatzweise
    Pfeffer aus der Mühle)
Zucker
5 Tomaten
1 Kopfsalat
1 kleines Glas Kapernäpfel

Außerdem

Dampfgarer

Flambierte Riesengarnelen auf Meeresspargel

Zutaten für 5 Personen

15 Riesengarnelen
   (roh, mit Kopf und Schale)
2 Knoblauchzehen
1 Chilischote
3 Zweige Rosmarin
6 EL Olivenöl
Salz // Pfeffer aus der Mühle
Kräuter der Provence
300 g Meeresspargel (Queller)
Pastis (nach Belieben)

1. Von den Garnelen den Kopf abdrehen, mit einer Schere die Oberseite aufschneiden und die Schale samt Schwanzfächer ablösen. Die Garnelen am Rücken entlang einschneiden und den Darm vorsichtig herausziehen. Die Garnelen waschen und trocken tupfen.

2. Den Backofen auf 200 °C vorheizen. Den Knoblauch schälen und fein hacken. Die Chilischote längs halbieren, entkernen, waschen und in feine Würfel schneiden. Den Rosmarin waschen, trocken schütteln.

3. Auf einem Backblech 2 EL Olivenöl verteilen, die Garnelen darauflegen und mit 1 EL Olivenöl bestreichen. Mit Salz, Pfeffer und Kräutern der Provence würzen. Den Knoblauch darüberstreuen. Die Garnelen wenden, mit 1 weiteren EL Olivenöl bestreichen und mit Salz, Pfeffer und Kräutern der Provence abschmecken. Die Chiliwürfel darüberstreuen und den Rosmarin gleichmäßig auf dem Blech verteilen. Die Garnelen im Ofen etwa 8 Minuten backen.

4. Das restliche Olivenöl in einer Pfanne erhitzen und den Meeresspargel darin bei schwacher Hitze etwa 5 Minuten braten. (Nicht salzen, Meeresspargel ist von Natur aus sehr salzig.)

5. Die Garnelen aus dem Ofen nehmen, nach Belieben Pastis über die Garnelen geben und flambieren. Warten, bis die Flammen erloschen sind.

6. Den Meeresspargel und die Garnelen auf Tellern anrichten, etwas Garnelensud darauf verteilen.

Knoblauch-Pannacotta mit Tomaten-Aprikosen-Confit

1. Für die Pannacotta in einer kleinen Schüssel die Gelatine in kaltem Wasser 10 Minuten einweichen. Den Knoblauch schälen und mit dem Handballen auf der Arbeitsfläche zerdrücken. Die Chilischote längs halbieren, entkernen, waschen und fein hacken.

2. Chili, Sahne, Milch und Knoblauch in einen Topf geben und aufkochen. Unter Rühren etwa 3 Minuten köcheln lassen. Vom Herd nehmen und durch ein Sieb in einen Messbecher gießen. Die Gelatineblätter mit den Händen gut ausdrücken und unter Rühren in der heißen Sahne auflösen. Mit Salz und Pfeffer würzen und abkühlen lassen. Dabei ab und zu umrühren.

3. Die flüssige Pannacotta auf fünf Gläser verteilen. (Schön sehen kleine Weckgläser aus.) Etwa 5 Stunden oder über Nacht kühl stellen.

4. Für das Confit die Tomaten waschen und das Fruchtfleisch fein würfeln. Die Aprikosen waschen, trocken tupfen, halbieren und entsteinen. Die Aprikosenhälften fein würfeln. Den Salbei waschen, trocken schütteln und fein hacken.

5. Aprikosenwürfel, Gin und Salbei in einem kleinen Topf etwa 3 Minuten köcheln lassen. Vom Herd nehmen, die Tomaten hinzufügen und abkühlen lassen. Öl, Salz und Pfeffer unterrühren. Zum Servieren etwas Confit auf die Pannacotta geben.

Zutaten für 5 Personen
Für die Knoblauch-Pannacotta
4 Blatt weiße Gelatine
2 Knoblauchzehen
1 Chilischote
400 g Sahne
200 ml Milch
Meersalz
weißer Pfeffer aus der Mühle

Für das Tomaten-Aprikosen-Confit
200 g Cocktailtomaten
50 g Aprikosen
6 Salbeiblätter
5 EL Gin
1 TL Rapskernöl
Salz // Kubeben-Pfeffer

Rote-Bete-Variationen

Zutaten für 5 Personen
Für die Rote-Bete-Pannacotta
3 Rote Beten
2 Blatt Gelatine
300 g Sahne
100 g Ziegenfrischkäse
Salz // Pfeffer aus der Mühle

Für das Rote-Bete-Carpaccio
3 Rote Beten
5 EL Portwein
¼ l Rotwein
Salz // Pfeffer aus der Mühle

Für den Ziegenkäse
1 TL Pinienkerne
25 g Paniermehl
1 EL fein gehackte Petersilie
1 TL Sesamsamen
1 Ei
25 g Mehl
Salz // Pfeffer aus der Mühle
5 Ziegenkäsetaler
Rapsöl zum Braten

Außerdem
1 Handvoll Salatblätter
Walnussöl
gehackte Walnüsse

1. Für die Pannacotta die Roten Beten in Wasser 40 Minuten weich kochen. Kurz abkühlen lassen, dann schälen und fein pürieren. Dabei am besten Einweghandschuhe tragen, da die Knollen stark abfärben.

2. In einer kleinen Schüssel die Gelatine in kaltem Wasser 10 Minuten einweichen. Die Sahne in einem kleinen Topf aufkochen, vom Herd nehmen. Die Gelatineblätter mit den Händen gut ausdrücken, in die heiße Sahne geben und unter Rühren darin auflösen. 50 g Rote-Bete-Püree und den Ziegenkäse einrühren und mit Salz und Pfeffer würzen. Die Pannacotta auf fünf Schälchen verteilen und mindestens 4 Stunden im Kühlschrank fest werden lassen.

3. Für das Carpaccio die Roten Beten in dünne Scheiben schneiden oder hobeln. Portwein und Rotwein in einem Topf erhitzen, die Rote-Bete-Scheiben einlegen und etwa 15 Minuten darin garen, bis sie weich sind. Nach Belieben mit Salz und Pfeffer würzen. Die Roten Beten abkühlen lassen und dachziegelartig auf Tellern anrichten.

4. Für den Ziegenkäse die Pinienkerne in einer Pfanne ohne Fett anrösten, bis sie duften. Herausnehmen, abkühlen lassen und fein hacken. Paniermehl, Pinienkerne, Petersilie und Sesam in einem tiefen Teller mischen. In einem weiteren Teller das Ei verquirlen. In einem dritten Teller das Mehl mit Salz und Pfeffer vermischen. Den Ziegenkäse nacheinander im Mehl, im Ei und im Paniermehl wenden.

5. Das Öl in einer Pfanne erhitzen und die Käsetaler darin auf beiden Seiten goldbraun braten. Mit übrigem Rote-Bete-Püree, Rote-Bete-Carpaccio, Pannacotta und Salatblättern, Walnussöl und gehackten Walnüssen auf Tellern anrichten.

Gefüllte Zucchiniblüten mit Minzcreme

1. Für den Salat die Kapuzinerkresseblättchen, -blüten und den Pflücksalat waschen, trocken tupfen und kühl stellen.

2. Für die Minzcreme die Minze waschen, trocken schütteln und klein schneiden. Den Joghurt in eine Schüssel geben, die Minze und die Limettenschale hinzufügen. Mit Salz, Pfeffer, Salatkräutern und Chilipulver würzen und kühl stellen.

3. Für die gefüllten Zucchiniblüten die Zucchini waschen und grob raspeln. Das Olivenöl in einer Pfanne erhitzen und die Zucchini darin kurz anbraten. Aus der Pfanne nehmen, auf Küchenpapier abtropfen und abkühlen lassen. Die Pinienkerne klein hacken und in einer Pfanne ohne Fett anrösten.

4. Die Zucchiniblüten waschen, vorsichtig ausschütteln, etwas aufbiegen und die Blütenstempel herausschneiden oder -drehen. Den Backofen auf 180 °C vorheizen. Ein Backblech mit übrigem Olivenöl bestreichen. Die Rosmarin- und Thymianzweige waschen, trocken schütteln und auf das Backblech legen. Die Petersilie waschen und trocken schütteln, die Blätter abzupfen und fein hacken.

5. Die Eier und den Ricotta gründlich mit der geraspelten Zucchini verrühren. Die Petersilie, Pinienkerne und geriebenen Parmesan unterheben und mit Salz, Pfeffer und 1 Prise Muskatnuss würzen.

6. Die Ricotta-Zucchini-Masse mit einem Teelöffel in die Blüten füllen und die Blütenspitzen vorsichtig zusammendrehen. Die Tomaten waschen und mit den gefüllten Blüten auf dem Blech verteilen. Das Gemüse im Ofen auf mittlerer Schiene etwa 20 Minuten backen.

7. Inzwischen für das Dressing alle Zutaten in einem hohen Rührbecher zu einer glatten Vinaigrette verrühren, in eine saubere Glasflasche füllen und kühl stellen. Kapuzinerkresseblätter und -blüten mit dem Pflücksalat auf Teller verteilen und mit je 4 bis 5 EL Dressing beträufeln.

8. Die Minzcreme mit einem Esslöffel in Nocken danebensetzen und nochmals etwas Limettenschale darüberstreuen. Die Tomaten auf dem Salatbett anrichten. (Das übrige Dressing hält sich gut verschlossen im Kühlschrank etwa zwei Wochen.)

Zutaten für 5 Personen
Für den Salat
300 g Kapuzinerkresseblättchen
10 Kapuzinerkresseblüten
200 g Pflücksalat

Für die Minzcreme
1 Bund Minze
400 g Naturjoghurt (mit 10 % Fett)
abgeriebene Schale von 1 Bio-Limette
Salz // Pfeffer aus der Mühle
Salatkräuter
Chilipulver

Für die Zucchiniblüten
1 Zucchini
2 EL Olivenöl
50 g Pinienkerne
15 Zucchiniblüten
je 5 Zweige Rosmarin und Thymian
5 Stiele Petersilie
2 Eier
200 g Ricotta
100 g geriebener Parmesan
Salz // Pfeffer aus der Mühle
frisch geriebene Muskatnuss
10 Cocktailtomaten

Für das Dressing
130 ml Balsamico bianco
¼ l Olivenöl
60 g Honig
50 g mittelscharfer Senf
10 g Salz // 1 TL Pfeffer aus der Mühle
3 EL fein gehackter Schnittlauch und Petersilie

Perlhuhnbrust mit Vogerlsalat auf Himbeerdressing

Zutaten für 5 Personen
Für die Perlhuhnbrust
5 Perhuhnbrüste
Salz // Pfeffer aus der Mühle
2 EL Öl
500 g Feldsalat (Vogerlsalat)
4 EL Walnusskerne
100 g Himbeeren

Für die Vinaigrette
1 EL Puderzucker
5 EL Himbeeressig
5 EL Hühnerbrühe
5 EL Traubenkernöl
Salz
Rosa Pfefferbeeren

1. Für die Perlhuhnbrust das Geflügel waschen, trocken tupfen und mit Salz und Pfeffer würzen. Das Öl in einer Pfanne erhitzen und das Fleisch darin auf jeder Seite anbraten. Herausnehmen, in Alufolie wickeln und warm halten.

2. Den Feldsalat verlesen, waschen und trocken schleudern. Die Walnüsse mit einem Messer grob hacken und in einer Pfanne anrösten, bis sie duften. Beiseitestellen.

3. Für die Vinaigrette den Puderzucker in einer Pfanne karamellisieren und mit dem Essig ablöschen. 10 bis 15 Sekunden einköcheln lassen und vom Herd nehmen. Die Brühe dazugeben und mit dem Schneebesen verrühren, bis sich der Zucker komplett aufgelöst hat. Das Öl unterrühren und mit Salz und Rosa Pfefferbeeren würzen.

4. Die Perlhuhnbrüstchen in schräge Streifen schneiden. Den Salat auf Teller verteilen und die Perlhuhnbrust darauf anrichten. Die Himbeervinaigrette darüberträufeln und mit den gerösteten Walnüssen und den Himbeeren dekorieren.

Kalbstatar mit Seeteufelbäckchen

1. Die Pfefferkörner im Mörser zerstoßen, den Parmesan fein reiben. Beides miteinander vermischen.

2. Eine beschichtete Pfanne erhitzen, die Käsemischung in handtellergroßen Kreisen darin verteilen, flach drücken und bei mittlerer Hitze schmelzen lassen. Wenn der Käse am Rand leicht braun wird, aus der Pfanne heben und auf einem Backofenrost oder Kuchengitter abkühlen lassen. Mit dem restlichen Käse ebenso verfahren.

3. Das Kalbsfilet trocken tupfen und mit einem scharfen Messer sehr fein hacken. Die Zitronenhälfte auspressen. Die Schalotte schälen und fein würfeln. Mit Cognac, Senf und 1 bis 2 EL Olivenöl zum Fleisch geben. Alles gründlich miteinander vermischen und mit Salz, Pfeffer und einigen Tropfen Zitronensaft würzen. Den übrigen Zitronensaft beiseitestellen.

4. Die Pistazien fein hacken. Die Seeteufelbäckchen waschen, trocken tupfen, mit Salz, Pfeffer und dem übrigen Zitronensaft würzen. In den Pistazien wenden, die Pistazien dabei fest andrücken.

5. Den Kerbel waschen, trocken schütteln und die Blätter abzupfen. Das restliche Olivenöl in einer Pfanne erhitzen und die Seeteufelbäckchen darin auf jeder Seite 2 Minuten bei mittlerer Hitze braten.

6. Das Tatar mithilfe eines Ringausstechers dekorativ auf Tellern anrichten. Die Seeteufelbäckchen danebensetzen. Mit Käsescheiben und Kerbel garnieren. Das Pistazienöl rundherum träufeln.

Zutaten für 5 Personen
10 schwarze Pfefferkörner
50 g Parmesan
400 g Kalbsfilet (frei von Sehnen)
½ Zitrone
1 kleine Schalotte
2 EL Cognac
2 TL Dijon-Senf
3 EL Olivenöl
Salz // Pfeffer aus der Mühle
30 g Pistazien
5 Seeteufelbäckchen (à ca. 40 g)
5 Stiele Kerbel
5 TL Pistazienöl

Tischlein deck dich: perfekt eingedeckt!

Spätestens seit „Pretty Woman" wissen wir, dass kein Grund zur Panik besteht, wenn man an einer festlich gedeckten Tafel Platz nimmt. Das Gedeck folgt stets einer festen Regel: Was mit der rechten Hand benutzt wird, liegt rechts, das Gleiche gilt für die linke Hand. Das Besteck, das zuerst benötigt wird, liegt ganz außen, sodass der Gast sich von außen nach innen vorarbeiten kann. Ebenso verhält es sich bei den Gläsern: Eingedeckt wird in der Reihenfolge der servierten Weine von rechts nach links.

|||||||||||||||||||||||||||||||||||||||||||||||||||||||||||||||||||||||||||||||||||||||||

DAS BESTECK:
Die Anordnung des Bestecks folgt der Reihenfolge des Menüs – und zwar von außen nach innen. Das Besteck für den ersten Gang liegt also ganz außen. Gabeln liegen links neben dem Teller, Messer und Suppenlöffel rechts. Über dem Teller liegen der Löffel und eventuell die Kuchengabel für das Dessert.

|||||||||||||||||||||||||||||||||||||||||||||||||||||||||||||||||||||||||||||||||||||||||

DER TELLER:
Die Ordnung funktioniert von groß nach klein: Ganz unten sorgt ein großer Platzteller für ein edles Ambiente. Darauf wird der Teller für den Hauptgang platziert, auf dem wiederum der Vorspeisenteller steht. Links neben den Gabeln kann man einen Brotteller platzieren.

BROTTELLER UND BUTTERMESSER

GABEL FÜR DIE VORSPEISE

GABEL FÜR DEN HAUPTGANG

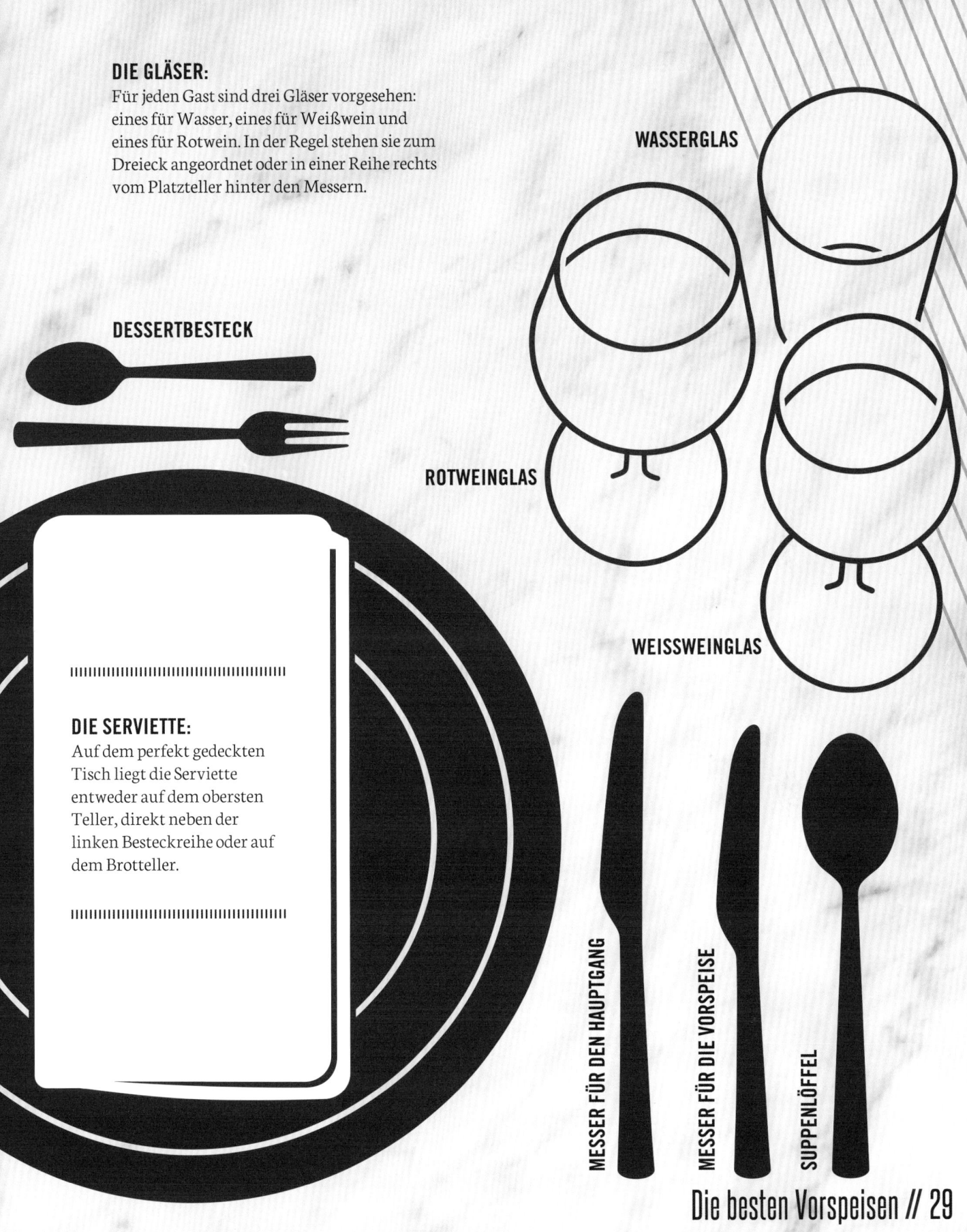

DIE GLÄSER:
Für jeden Gast sind drei Gläser vorgesehen: eines für Wasser, eines für Weißwein und eines für Rotwein. In der Regel stehen sie zum Dreieck angeordnet oder in einer Reihe rechts vom Platzteller hinter den Messern.

WASSERGLAS

DESSERTBESTECK

ROTWEINGLAS

WEISSWEINGLAS

DIE SERVIETTE:
Auf dem perfekt gedeckten Tisch liegt die Serviette entweder auf dem obersten Teller, direkt neben der linken Besteckreihe oder auf dem Brotteller.

MESSER FÜR DEN HAUPTGANG

MESSER FÜR DIE VORSPEISE

SUPPENLÖFFEL

Die besten Vorspeisen // 29

Vegetarische Frühlingsrolle mit Erdnuss-Kokos-Sauce

1. Für die Frühlingsrollen die Möhren putzen, waschen und schälen. Den Mini-Spargel waschen und die Enden abschneiden. Die Frühlingszwiebeln putzen und waschen. Alles Gemüse in 5 cm lange, dünne Streifen schneiden.

2. Das Öl in einer Pfanne erhitzen, die Möhren etwa 5 Minuten darin anbraten und mit Salz und Pfeffer würzen. Aus der Pfanne nehmen und warm halten. Den Spargel im heißen Öl etwa 3 Minuten anbraten, mit Salz und Pfeffer würzen, aus der Pfanne heben und warm halten. Die Frühlingszwiebeln etwa 1 Minute anbraten, herausnehmen und warm halten.

3. Einen tiefen Teller mit Wasser füllen und die Reispapierblätter darin einzeln 2 bis 3 Minuten einweichen. Aus dem Wasserbad nehmen und auf einem sauberen Küchentuch ausbreiten. Möhren, Spargel und Frühlingszwiebeln quer und mittig im unteren Drittel des Reispapiers stapeln, die seitlichen Ränder über das Gemüse schlagen und das Reispapier von unten aufrollen. Auf diese Weise nacheinander 5 Frühlingsrollen zubereiten.

4. Für die Sauce alle Zutaten in einen Topf füllen und einmal aufkochen lassen. Die Chilischote herausnehmen. Die Sauce in einem Mixer fein pürieren. Mit Salz, Pfeffer und nach Belieben Zucker abschmecken. In eine Schüssel umfüllen und auf Zimmertemperatur abkühlen lassen. Zu den Frühlingsrollen servieren.

Zutaten für 5 Personen
Für die Frühlingsrollen
4 Möhren
ca. 30 Stangen Mini-Spargel
5 Frühlingszwiebeln
Olivenöl
Salz // Pfeffer aus der Mühle
5 Blätter Reispapier

Für die Sauce
200 g gesalzene Erdnusskerne
3–4 EL Kokosraspel
500–700 ml Kokosmilch
1 EL Weißweinessig
1 EL Currypulver
1 TL gemahlene Kurkuma
1 kleine Chilischote
Salz // Pfeffer aus der Mühle
Zucker (nach Belieben)

Pochiertes Landei mit grünen Bohnen und Bacon

Zutaten für 5 Personen
2 Blatt Gelatine
250 g Sahne
¼ l Rinderfond
300 g geriebener Parmesan
Salz // Pfeffer aus der Mühle
frisch geriebene Muskatnuss
250 g grüne Bohnen
7 Scheiben durchwachsener
   Räucherspeck
1 festkochende Kartoffel
6 EL Butter
Himbeeressig
5 Eier
10 Stiele Schnittlauch

1. In einer kleinen Schüssel die Gelatine in kaltem Wasser 10 Minuten einweichen. Die Sahne zusammen mit 5 EL Rinderfond und 250 g Parmesan in einem Topf aufkochen, gelegentlich umrühren. Den Topf vom Herd nehmen, Gelatine mit den Händen gut ausdrücken, in die heiße Sauce geben und unter Rühren darin auflösen. Nach Belieben mit Salz, Pfeffer und 1 Prise Muskatnuss würzen. Die Flüssigkeit in einen Sahnesiphon füllen und etwa 1 Stunde in den Kühlschrank stellen.

2. Die Bohnen putzen und waschen. Restlichen Rinderfond zum Kochen bringen und die Bohnen darin bissfest garen. 5 Speckscheiben längs nebeneinander auf die Arbeitsfläche legen und je 1 Bohnenbündel à 50 g quer auf das untere Ende legen. Die Speckscheiben zu Bohnenpäckchen aufrollen.

3. Die Kartoffel schälen, waschen und grob raspeln. 2 EL Butter in einer Pfanne erhitzen und die Kartoffelraspel darin goldbraun rösten. Mit der Schaumkelle herausheben und auf Küchenpapier entfetten. Mit Salz, Pfeffer und 1 Prise Muskatnuss würzen.

4. Die restlichen Speckscheiben in 2 EL Butter anbraten und auf Küchenpapier entfetten. Zuletzt die Speck-Bohnenbündel in der übrigen Butter rundum anbraten.

5. Einen Topf mit Essigwasser zum Kochen bringen. Die Hitze reduzieren, bis das Wasser nur noch leicht siedet. 1 Ei in eine kleine Schale aufschlagen. Im Topf mit einem Kochlöffel einen Strudel erzeugen. Das Ei in die Mitte des Strudels gleiten lassen. Der Garzeitpunkt ist erreicht, wenn das Eiweiß sich verfestigt hat. So nacheinander die restlichen Eier pochieren.

6. Die separat gebratenen Speckscheiben klein schneiden. Den Parmesanschaum auf Teller verteilen und je 1 pochiertes Ei daraufsetzen. Daneben das Bohnenbündel platzieren. Etwas Speck darüberkrümeln und die Kartoffelsplitter daraufstreuen. Schnittlauch waschen, trocken schütteln und in Röllchen schneiden. Mit Parmesan und Schnittlauchröllchen garnieren. Dazu Brot reichen.

Hähnchenpralinen mit Mango-Papaya-Salsa und mariniertem Chicorée

1. Die Hähnchenbrustfilets waschen, trocken tupfen und in kleine Würfel schneiden. Koriander, Sojasauce, Sweet Chili-Sauce, ½ EL Salz, Pfeffer, Mehl, Eigelb und Sesam in einer Schale gründlich miteinander vermischen, sodass eine formbare Masse entsteht.

2. Die Geflügelwürfel mit der Würzmasse verkneten und zu kleinen Pralinen formen. Das Öl in einer Pfanne erhitzen und die Hähnchenpralinen darin rundum goldbraun braten.

3. Für die Mango-Papaya-Salsa die Paprikaschote längs halbieren, entkernen, waschen und klein schneiden. Die Mangos schälen, das Fruchtfleisch auf den flachen Seiten vom Stein und in kleine Würfel schneiden. Die Papaya schälen, halbieren, entkernen und in dünne Streifen schneiden. Die Zwiebel schälen und in Würfel schneiden.

4. Das Öl in einer Pfanne erhitzen und das klein geschnittene Obst und Gemüse darin 2 bis 3 Minuten anbraten. 1 TL Salz, Pfeffer, Zucker, Orangensaft und -schale, Currypulver, Sojasauce, Koriander und Sweet Chili-Sauce hinzufügen, zum Kochen bringen und bei mittlerer Hitze 6 Minuten köcheln lassen.

5. Für den marinierten Chicorée den Chicorée in Viertel schneiden. Eine Pfanne ohne Fett erhitzen, den Zucker einstreuen und karamellisieren, den Chicorée dazugeben, den Orangensaft angießen und aufkochen. Mit Ingwerpulver und 1 TL Salz würzen.

6. Die Hähnchenpralinen mit Mango-Papaya-Salsa und Chicorée auf Tellern anrichten.

Zutaten für 5 Personen
Für die Hähnchenpralinen
400 g Hähnchenbrustfilet
1 EL gehackter Koriander
4 EL Sojasauce
4 EL Sweet Chili-Sauce
Salz
¼ EL Pfeffer aus der Mühle
1 EL Mehl
1 Eigelb
8 TL helle oder schwarze Sesamsamen
2 EL Öl

Für die Mango-Papaya-Salsa
1 rote Paprikaschote
1½ Mangos
½ Papaya
¼ kleine Zwiebel
1 EL Öl
Salz
½ TL Pfeffer aus der Mühle
1 TL Zucker
100 ml Orangensaft
½ EL abgeriebene Bio-Orangenschale
1 Msp. Currypulver
½ EL Sojasauce
1 EL gehackter Koriander
70 ml Sweet Chili-Sauce

Für den marinierten Chicorée
3 Chicorée
2 EL Zucker
100 ml Orangensaft
1 Msp. Ingwerpulver
Salz

Grünes Spargelsüppchen mit Schinken-Frischkäse-Crêpe

Zutaten für 5 Personen
Für die Crêpes
200 g Mehl
4 Eier
200 ml Milch
4 EL flüssige Butter
Salz
100 g Frischkäse
20 g geriebener Meerrettich (Glas)
Pfeffer aus der Mühle
200 g gekochter Hinterschinken
   (in Scheiben)

Für die Suppe
300 g grüner Spargel
400 ml Gemüsebrühe
400 g Sahne
50 g Spinat
etwas Speisestärke

1. Für die Crêpes Mehl, Eier, 180 ml Milch, 180 ml Wasser, 2 EL flüssige Butter und 1 Prise Salz zu einem flüssigen Teig verrühren. Beiseitestellen und etwa 1 Stunde ruhen lassen.

2. Die restliche Butter in einer Pfanne erhitzen und aus dem Teig nacheinander 8 dünne Crêpes backen. Die fertigen Crêpes auf einem Kuchengitter abkühlen lassen.

3. Den Frischkäse mit dem Meerrettich verrühren und mit der restlichen Milch glatt rühren. Mit Salz und Pfeffer würzen. Die Frischkäsecreme auf die abgekühlten Crêpes streichen und mit dem Schinken belegen. Die Crêpes aufrollen und kühl stellen.

4. Für die Suppe den Spargel waschen, im unteren Drittel schälen, die holzigen Enden abschneiden und die Schalen beiseitelegen. Die Spargelspitzen abschneiden, ebenfalls beiseitelegen und die Stangen in Würfel schneiden. Die Spargelschalen in der Brühe aufkochen und anschließend durch ein Sieb abgießen, dabei die Brühe auffangen.

5. Die Brühe mit den Spargelwürfeln und der Sahne erneut zum Kochen bringen. Inzwischen den Spinat verlesen und waschen, grobe Stiele entfernen und die Blätter trocken schütteln. Die Spinatblätter zur Suppe geben. Den Gemüsesud leicht abkühlen lassen und in der Küchenmaschine auf höchster Stufe zerkleinern. Durch ein Sieb passieren, mit der Stärke und den Spargelspitzen erneut aufkochen und leicht köcheln lassen.

6. Die Crêpes in etwa 4 cm breite Röllchen schneiden. Die Suppe auf tiefe Teller verteilen. Je etwa 2 bis 3 Crêpe-Röllchen und einige Spargelspitzen hineingeben.

SPARGELSUPPE MAL ANDERS: Die elegante Cremesuppe mit dem feinen Aroma von weißem Spargel kennt jeder. In dieser Variante mit grünem Spargel und Spinat wird das klassische Rezept neu interpretiert und um ein paar Extra-Aromen bereichert.

Bärlauch-Cappuccino

1. Für das Brot Mehl, 2 TL Salz, 300 ml Wasser und die Hefe in eine große Schüssel geben und mit den Knethaken des Handrührgeräts zu einem glatten Teig verkneten. Den Teig zugedeckt an einem warmen Ort 1½ Stunden gehen lassen.

2. Den Teig halbieren, zu 2 Brotlaiben formen und auf einem mit Backpapier ausgelegten Backblech nochmals 20 Minuten gehen lassen.

3. Den Backofen auf 230 °C vorheizen. Eine ofenfeste Schale zur Hälfte mit Wasser füllen und auf der untersten Schiene in den Ofen stellen. Das Brot im Ofen auf der mittleren Schiene 20 Minuten backen, herausnehmen und abkühlen lassen.

4. Inzwischen für den Bärlauch-Cappuccino die Schalotten schälen und 2 davon in feine Würfel schneiden. Knoblauch schälen und 1 Zehe halbieren. 2 EL Butter in einem Topf erhitzen. Die Schalottenwürfel und die Knoblauchhälften darin anbraten. Die Brühe angießen und zum Kochen bringen. Inzwischen die Kartoffel schälen, waschen und in grobe Stücke schneiden. Zur Brühe hinzufügen und 8 bis 10 Minuten weich garen.

5. Die Chorizo pellen und in Würfel schneiden. In einer Pfanne 1 EL Butter erhitzen und die Chorizowürfel darin anbraten. Beiseitestellen.

6. Die Toastbrotscheiben in Würfel schneiden. Die restliche Butter in einer Pfanne zerlassen. Toastbrotwürfel mit der übrigen Schalotte und der übrigen Knoblauchzehe darin knusprig braten, mit Salz würzen und beiseitestellen. Schalotte und Knoblauch entfernen.

7. Den Bärlauch verlesen, waschen und trocken schütteln, dabei grobe Stiele entfernen. Die Bärlauchblätter klein schneiden und mit der Sahne zur Suppe geben. Kurz aufkochen, die saure Sahne hinzufügen, mit Pfeffer und 1 Prise Muskatnuss würzen. Mit dem Stabmixer schaumig pürieren.

8. Die Suppe auf tiefe Teller verteilen und die gebratene Chorizo und die Croûtons darüberstreuen. Das Brot in Scheiben schneiden und dazu reichen.

Zutaten für 5 Personen
Für das Brot
380 g Weizenmehl (Type 550)
Salz
10 g frische Hefe

Für den Bärlauch-Cappuccino
3 Schalotten
2 Knoblauchzehen
50 g Butter
400 ml Gemüsebrühe
1 kleine festkochende Kartoffel
4 Scheiben Chorizo (span. Paprikawurst)
2 Scheiben Toastbrot
Salz
1 Bund Bärlauch
300 g Sahne
50 g saure Sahne
Pfeffer aus der Mühle
frisch geriebene Muskatnuss

DIE PFLANZE MIT DEN BÄRENKRÄFTEN: Dieses Süppchen hat es in sich! Das knoblauchscharfe Aroma macht hellwach und wirkt mit seinen heilenden Eigenschaften auf den ganzen Körper. Küssern sei allerdings geraten, dass entweder beide oder keiner den Bärlauch genießt.

Weiße Tomatensuppe mit Basilikumschaum und Jakobsmuschel

Zutaten für 5 Personen
Für die Tomatensuppe
12 reife Strauchtomaten
1 Zwiebel
1 Knoblauchzehe
1 Zweig Thymian
2 EL Olivenöl
200 g Sahne
Salz // Pfeffer aus der Mühle

Für den Basilikumschaum
15 g Basilikumblätter
100 ml Wasser oder Tomatensaft
3 Msp. Sojalecithin

Für die Jakobsmuscheln
5 Jakobsmuscheln
1 Knoblauchzehe
1 EL Olivenöl
1 EL Butter
Zucker

1. Für die Tomatensuppe die Tomaten waschen und vierteln (das Fruchtfleisch und der Stielansatz müssen nicht entfernt werden). Die Tomatenviertel in der Küchenmaschine fein pürieren.

2. Ein sauberes, feuchtes Küchentuch in ein Sieb legen und über einen Topf halten. Das Tomatenpüree auf das Küchentuch gießen und abtropfen lassen.

3. Die Zwiebel schälen und in feine Würfel schneiden, den Knoblauch schälen und in feine Stifte schneiden. Den Thymian waschen und trocken schütteln. Das Olivenöl in einem Topf erhitzen, die Zwiebel und den Knoblauch darin anbraten. Den Thymian dazugeben, den Tomatensaft und die Sahne angießen. Die Tomatensuppe kurz aufkochen, den Thymian entfernen. Die Suppe mit dem Stabmixer schaumig pürieren. Mit Salz und Pfeffer würzen.

4. Für den Basilikumschaum das Basilikum waschen und mit Wasser oder Tomatensaft in der Küchenmaschine pürieren. Das Püree in eine Schüssel füllen und das Sojalecithin hinzufügen. Die Masse mit dem Stabmixer schaumig aufschlagen.

5. Für die Jakobsmuscheln das Muschelfleisch halbieren, den Knoblauch schälen und halbieren. Das Olivenöl und die Butter in einer Pfanne erhitzen und die Jakobsmuscheln mit den Knoblauchhälften rundum kurz anbraten. Das Muschelfleisch sollte im Kern noch glasig sein. Zum Schluss mit etwas Zucker karamellisieren.

6. Die weiße Tomatensuppe auf fünf tiefe Teller verteilen, in die Mitte je einen Klecks Basilikumschaum setzen und darauf je 2 Jakobsmuschelhälften platzieren.

Maronisuppe mit Orangenfilets

1. Die Maroni in feine Würfel schneiden. Die Frühlingszwiebeln putzen, waschen und in feine Ringe schneiden. Die Butter in einem Topf erhitzen, die Maroni und die Hälfte der Frühlingszwiebeln darin anbraten. Den Fond und die Sahne angießen und etwa 15 Minuten kochen lassen.

2. Die Orange so schälen, dass die weiße Haut vollständig mit entfernt wird. Orangenfilets mit einem scharfen Messer zwischen den Trennhäuten herauslösen, den Saft dabei auffangen.

3. Die Suppe mit einem Stabmixer fein pürieren, den aufgefangenen Orangensaft angießen, mit Salz und Pfeffer abschmecken. Wenn die Suppe zu dick ist, mehr Brühe oder Orangensaft dazugeben.

4. Die Maronisuppe auf fünf Teller verteilen, je einen Klecks Crème fraîche und einige Orangenfilets daraufgeben. Mit den restlichen Frühlingszwiebelringen und den zerdrückten Rosa Pfefferbeeren oder Pfeffer bestreuen.

Zutaten für 5 Personen

600 g Maroni
 (vorgekocht und vakuumiert)
6 Frühlingszwiebeln
4 EL Butter
1 l Rinderfond
250 g Sahne
1 Bio-Orange
Salz // Pfeffer aus der Mühle
6 TL Crème fraîche
Rosa Pfefferbeeren oder Pfeffer aus der
 Mühle

Cremige Apfel-Fenchel-Suppe mit „Kürbiskernkäse"

Zutaten für 5 Personen
Für den Kürbiskernkäse
250 g Kürbiskerne
1 EL Hefeflocken
1 TL Zitronensaft
Salz // Pfeffer aus der Mühle
½ TL Chilipulver

Für die Apfel-Fenchel-Suppe
1 Fenchelknolle
2 Äpfel
1 Bund Koriander
¼ l Apfelsaft
1 Msp. gemahlener Koriander
2 EL Honig
Kürbiskerne zum Bestreuen
Salz // Pfeffer aus der Mühle
Chilipulver

1. Für den Kürbiskernkäse die Kürbiskerne über Nacht in Wasser einweichen. Am nächsten Tag im Mixer zu einer gleichmäßigen Masse verarbeiten. Die Hefeflocken und den Zitronensaft hinzufügen und mit etwas Salz, Pfeffer und Chilipulver würzen.

2. Den Backofen auf 180°C vorheizen. Die Kürbiskernmasse zwischen zwei Bögen Backpapier flach drücken, auf ein Blech legen und im Ofen etwa 40 Minuten backen.

3. Für die Suppe die Fenchelknolle putzen, waschen und halbieren. Den harten Strunk entfernen und den Fenchel in grobe Stücke schneiden. Die Äpfel waschen, vierteln und die Kerngehäuse entfernen. Den Koriander waschen, trocken schütteln und die groben Stiele entfernen.

4. Die vorbereiteten Zutaten mit dem Apfelsaft, dem gemahlenen Koriander und dem Honig in eine Schüssel oder einen Topf geben und nach Belieben erhitzen. Mit dem Stabmixer cremig pürieren und mit Salz und Pfeffer abschmecken. Auf tiefe Teller verteilen, mit ein paar Kürbiskernen bestreuen und mit Salz, Pfeffer und Chilipulver abschmecken. Kalt oder warm genießen.

Der Aperitif

Ohne Aperitif wäre ein Dinner nicht perfekt. Der kleine Drink, der zu Beginn einer Einladung gereicht wird, öffnet nicht nur den Magen, sondern auch die Herzen der Gäste und hilft, die Zeit bis zum ersten Gang zu überbrücken. Je nach persönlichen Vorlieben, Jahreszeit und Anlass kann der Aperitif ganz unterschiedlich ausfallen. Hier finden Sie ein paar Grundregeln sowie die Mixanleitung für legendäre Drinks.

DOS AND DON'TS BEI DER APERITIFWAHL

1. Die richtige Einstimmung: Vor der Vorspeise schmeckt ein fruchtig-frischer Aperitif mit wenig Alkohol.

2. Die Temperatur beachten: besser keine eiskalten Drinks servieren, wenn die Vorspeise aus einer heißen Suppe besteht.

3. Weniger ist mehr: Wenn nicht anders angegeben, nur kleine Mengen servieren. 0,1 l ist prima!

4. Auf Kalorienbomben verzichten: Mischungen, die Sahne, Milch oder Kokosmilch enthalten, verderben den Appetit.

5. Lieber bitter! Keine süßen Aperitifs anbieten, wenn das Menü von trockenen Weinen begleitet wird, diese erscheinen sonst sauer. Außerdem regen Bitterstoffe den Appetit an.

6. Auch ohne Alkohol: Eine schöne Alternative zum klassischen Aperitif ist ein Mocktail, der ohne Alkohol, dafür aber mit viel Frucht und Spritzigkeit aufwartet. Hauptzutaten sind Früchte (z. B. als Püree), frisch gepresste Säfte (vor allem mit wenig Süße!), Sirups, Sodas (Tonic Water, Bitter Lemon, Ginger Ale), Tee und sogar Essig.

Für Puristen:

Martini // *Sherry* // *Pastis* // *Pernod*

Für Nostalgiker:

Kir Royal // *Campari Soda* // *Bellini*

Ohne Alkohol:

Shirley Temple // *Summer Cooler*
Selbst gemachte Limonade

LILLET WILD BERRY

Ein fruchtig-frischer Drink für heiße Tage, der Spaß macht. Nicht nur, aber auch für Damen.

5 cl Lillet Blanc in ein zur Hälfte mit **Eiswürfeln** gefülltes Weißweinglas gießen. Mit **0,1 l Schweppes Russian Wild Berry** auffüllen und mit **gemischten Beeren** (z. B. Heidelbeeren, Himbeeren, Erdbeeren, Johannisbeeren) garnieren.

BELLINI

4 EL püriertes weißes Pfirsichpüree in eine Sektschale oder -flöte geben und mit **10 cl kaltem Prosecco** aufgießen.

MOSCOW MULE

Der wiederentdeckte Klassiker gehört weltweit zu den beliebtesten Drinks. Hier das Rezept:

4 cl Wodka in einen Kupferbecher (oder ein Cocktailglas) mit **2 bis 3 Eiswürfeln** geben, mit dem **Saft von 1 Limette** und **150 ml Ginger Beer** aufgießen und mit **1 Bio-Limettenscheibe** garnieren.

KIR ROYAL

1 cl **Crème de Cassis** in ein Champagnerglas geben und vorsichtig mit **9 cl Champagner**, Sekt oder Crémant auffüllen. Nach Belieben mit **Eiswürfeln** und **Cocktailkirsche** servieren.

CAMPARI SODA

Ein Longdrinkglas mit **Eiswürfeln** füllen. **4 cl Campari** dazugeben, mit **Sodawasser** auffüllen und mit **1 Bio-Limettenscheibe** garnieren.

SUMMER COOLER

4 cl Orangensaft in ein Longdrinkglas mit **Eiswürfeln** gießen. **1 Spritzer Angostura** dazu, mit **Bitter Lemon** aufgießen und umrühren.

SHIRLEY TEMPLE

Zu gleichen Teilen **Zitronenlimonade** und **Ginger Ale** sowie den **Saft von ¼ Zitrone** in ein mit **Eiswürfeln** gefülltes Longdrinkglas gießen. **1 Spritzer Grenadine** dazu und umrühren.

NEGRONI

Italienisches Traditionsgetränk mit bittersüßer Note. Perfekt für ein Dinner mit Freunden.

3 cl Dry Gin, 3 cl roter Wermut (z. B. Martini Rosso) und **3 cl Campari** in einen mit **Eiswürfeln** gefüllten Tumbler gießen und mit **1 Orangenzeste** garnieren.

Afrikanische Tomatensuppe mit frittierter Kochbanane und Garnelenspieß

1. Am Vortag die Garnelen zum Auftauen in den Kühlschrank legen. Dazu die Garnelen in ein Sieb über einem Topf geben.

2. Am nächsten Tag für die Tomatensuppe das Suppengemüse putzen, waschen und in Stücke schneiden. Mit etwas Salz und etwa 350 ml Wasser in einen Topf füllen, aufkochen und 20 Minuten ohne Deckel köcheln lassen. Die Brühe durch ein Sieb abgießen und beiseitestellen.

3. Die Paprikaschoten längs halbieren, entkernen, waschen und klein schneiden. Die Zwiebel schälen und in feine Würfel schneiden. Den Knoblauch schälen und in feine Würfel schneiden.

4. Die Kichererbsen in ein Sieb abgießen, kalt abbrausen und abtropfen lassen. Das Olivenöl in einem Topf erhitzen, Paprika, Zwiebel und Knoblauch darin 4 bis 5 Minuten anbraten. Mit der Brühe ablöschen, die Tomaten hinzufügen und einmal aufkochen. Die Suppe vom Herd nehmen und mit dem Stabmixer pürieren. Die Kichererbsen hinzufügen und mit Salz, Pfeffer, Chilipulver und Kreuzkümmel abschmecken.

5. Für die frittierte Kochbanane die Kochbanane schälen und in Scheiben schneiden. Das Öl in einem Topf auf 180 °C erhitzen und die Bananenscheiben darin portionsweise frittieren. Auf Küchenpapier entfetten.

6. Für die Garnelenspieße jeweils 4 Garnelen auf einen Holzspieß stecken. Das Öl in einer Pfanne erhitzen und die Garnelenspieße darin rundum braten.

7. Die Suppe auf Teller verteilen, je 1 Garnelenspieß über den Teller legen, frittierte Bananenscheiben aufstreuen und mit Minzeblättern garnieren.

Zutaten für 5 Personen
Für die Garnelenspieße
20 Garnelen (küchenfertig, tiefgekühlt)
2–3 EL Oliven-Knoblauch-Öl
5 Holzspieße

Für die Tomatensuppe
1 Bund Suppengemüse
Salz
je 1 gelbe, rote und grüne Paprikaschote
1 Zwiebel
3 Knoblauchzehen
400 g Kichererbsen (aus der Dose)
2–3 EL Olivenöl
800 g stückige Tomaten (aus der Dose)
Pfeffer aus der Mühle
1 TL Chilipulver
gemahlener Kreuzkümmel
Minzeblätter zum Garnieren

Für die frittierte Kochbanane
1 Kochbanane
Öl zum Frittieren

Risotto ai funghi porcini

Zutaten für 5 Personen

40 g getrocknete Steinpilze
1 Möhre
1 Stange Staudensellerie
2 EL Olivenöl
Salz // Pfeffer aus der Mühle
ca. 1 l warme Fleischbrühe
2 Zwiebeln
3 EL Butter
300 g Reis (Carnaroli)
1 Glas Weißwein
50 g frisch geriebener Parmesan
    und Späne zum Bestreuen
5 Stiele Petersilie

1. Die Pilze in einer Schüssel mit kochendem Wasser übergießen und 1 bis 2 Stunden einweichen. Die Möhre putzen, schälen und in kleine Stücke schneiden. Den Sellerie waschen, schälen und in Würfel schneiden. Die Pilze in ein Sieb abgießen, dabei die Einweichflüssigkeit auffangen. Pilze hacken.

2. Das Öl in einer Pfanne erhitzen, die Möhre und den Sellerie darin andünsten. Nach 3 Minuten die gehackten Pilze dazugeben und mitbraten. Die Einweichflüssigkeit angießen. Mit Salz und Pfeffer würzen und etwa 30 Minuten köcheln lassen.

3. Die Brühe zum Kochen bringen. Die Zwiebeln schälen und in sehr feine Würfel schneiden. In einer Pfanne 1 EL Butter erhitzen und die Zwiebeln darin andünsten. Den Reis hinzufügen und mitdünsten. Wenn alle Reiskörnchen ölig glänzen, den Wein dazugeben. Die Brühe schöpfkellenweise angießen, dabei immer wieder umrühren, damit die Reiskörner sich nicht am Topfboden ansetzen. Zuletzt den Steinpilz-Mix hinzufügen. Mit Salz abschmecken und das Risotto weitere 20 Minuten köcheln lassen.

4. Wenn die Reiskörner al dente sind, den Topf vom Herd nehmen. Die restliche Butter und den geriebenen Parmesan unterrühren und so viel Flüssigkeit angießen, dass das Risotto cremig wird. Die Petersilie waschen, trocken schütteln und fein hacken. Das fertige Risotto auf Teller verteilen und mit Parmesanspänen und Petersilie bestreut servieren.

Ravioli mit Steinpilz-Ricotta-Füllung in Salbeibutter

1. Für den Nudelteig das Mehl, 1 TL Salz, die Eier, das Eigelb und das Olivenöl zu einem mittelfesten Teig verkneten, eventuell etwas Wasser dazugeben. Den Teig in Frischhaltefolie wickeln und im Kühlschrank 1 Stunde ruhen lassen.

2. Für die Füllung die Pilze in einer Schüssel mit warmem Wasser übergießen und 10 Minuten einweichen. Die Zwiebel schälen und in feine Würfel schneiden. Die Petersilie waschen, trocken schütteln, die Blätter abzupfen und fein hacken.

3. Die Pilze in ein Sieb abgießen und in grobe Stücke schneiden. Die Butter in einer Pfanne erhitzen, die Zwiebel darin glasig dünsten. Die Pilze dazugeben und etwa 5 Minuten mitbraten. Mit Salz und Pfeffer würzen und abkühlen lassen.

4. Den Frischkäse mit Pilzen, Petersilie, 1 Ei und Semmelbröseln zu einer Masse verarbeiten. Mit Salz und Pfeffer würzen.

5. Den Teig in 2 Hälften teilen und beide Teile auf einer bemehlten Arbeitsfläche sehr dünn ausrollen. Auf der einen Teighälfte im Abstand von etwa 5 cm die Füllung in kleinen Haufen verteilen. Das übrige Ei verquirlen und den Teig zwischen den Füllungen damit bestreichen. Die andere Teigplatte darüberlegen und die bestrichenen Stellen gut andrücken. Den Teig mit einer Herzform zu Ravioli ausstechen.

6. Die Ravioli in Salzwasser 10 bis 15 Minuten bissfest kochen, mit einer Schaumkelle herausheben.

7. Für die Salbeibutter inzwischen den Salbei waschen, trocken schütteln, die Blätter abzupfen und klein schneiden. Das Olivenöl in einer großen Pfanne erhitzen und den Salbei darin knusprig braten. Die Butter dazugeben und aufschäumen. Die Ravioli mit der Salbeibutter anrichten. Nach Belieben mit Pfeffer würzen und sofort servieren.

Zutaten für 5 Personen
Für den Nudelteig
300 g Mehl
Salz
2 Eier
1 Eigelb
1 EL Olivenöl
Mehl für die Arbeitsfläche

Für die Füllung
75 g getrocknete Steinpilze
1 Zwiebel
1 Bund Petersilie
2 EL Butter
Salz // Pfeffer aus der Mühle
100 g Frischkäse
2 Eier
2–3 EL Semmelbrösel

Für die Salbeibutter
1 Bund Salbei
2 EL Olivenöl
2 EL Butter

Außerdem
Herzausstecher

Die besten Hauptspeisen

Kichererbsenschnitzel mit Spargel, Sauce hollandaise und Kartoffeln im Kräuterbett

1. Für die Kichererbsenschnitzel den Backofen auf 170 °C vorheizen. Die Zwiebeln und den Knoblauch schälen und in feine Würfel schneiden. Alle Zutaten bis auf das Öl in der Küchenmaschine zu einem glatten Teig verarbeiten. Nochmal mit den Händen gut durchkneten und zu flachen Schnitzeln formen.

2. In einer großen Pfanne das Öl erhitzen und die Kichererbsenschnitzel darin etwa 3 Minuten rundum knusprig braten. Auf ein mit Backpapier belegtes Backblech legen und im Ofen 10 Minuten backen.

3. Für den Spargel den Spargel schälen, waschen und die holzigen Enden entfernen. In einem großen Topf Wasser, Zitronensaft, Margarine, Salz und Zucker mischen, aufkochen und die Spargelstangen darin bei mittlerer Hitze etwa 20 Minuten bissfest garen.

4. Die Kartoffeln mit der Schale gründlich waschen und in Salzwasser weich garen. Die Margarine in einer Pfanne zerlassen und die Kartoffeln darin schwenken. Salz, Pfeffer, Zucker und Petersilie dazugeben und nochmals kurz schwenken. Beiseitestellen.

5. Den Salat verlesen, waschen und trocken schleudern. Für das Dressing Orangensaft, Walnuss-öl, Zitronensaft und nach Belieben Agavendicksaft zu einer Vinaigrette verrühren. Mit Salz und Pfeffer würzen.

6. Für die Sauce hollandaise die Brühe mit der Sojasahne mischen. Die Margarine in einem Topf erhitzen, das Mehl dazugeben und kurz anschwitzen. Den Brühe-Sahne-Mix langsam unter ständigem Rühren angießen. Wein, Senf, Zitronensaft, Kurkuma und Cayennepfeffer dazugeben und langsam aufkochen. Mit Salz und Pfeffer abschmecken.

7. Den Salat auf Teller verteilen und die Kartoffeln darauf anrichten. Jeweils 1 Schnitzel und etwas Spargel danebensetzen. Die Sauce hollandaise auf dem Spargel verteilen.

Zutaten für 5 Personen
Für die Kichererbsenschnitzel
2 Zwiebeln // 2 Knoblauchzehen
2 Dosen Kichererbsen (à 250 g Abtropfgewicht)
4 EL Speisestärke // 4 TL Kapern
120 g Paniermehl // 2 TL (Dijon-)Senf
100 g Sojasahne // 2 TL Gemüsebrühe
2 TL edelsüßes Paprikapulver
2 TL Currypulver
Salz // Pfeffer aus der Mühle
100 ml Sonnenblumenöl

Für den Spargel
15 Stangen weißer Spargel
Saft von ½ Zitrone
1 EL Margarine // Salz // Zucker

Für die Kartoffeln
15 kleine festkochende Kartoffeln
Salz // 2 EL Margarine
Pfeffer aus der Mühle
brauner Zucker
1–2 EL gehackte Petersilie
250 g Wildkräutersalat
2 EL Orangensaft // 3 EL Walnussöl
Zitronensaft
Agavendicksaft (nach Belieben)

Für die Sauce hollandaise
300 ml Gemüsebrühe
300 g Sojasahne // 100 g Margarine
30 g Mehl // 1–2 EL Weißwein
1 TL Dijon-Senf // 1 EL Zitronensaft
1 Msp. gemahlene Kurkuma
1 Msp. Cayennepfeffer
Salz // Pfeffer aus der Mühle

Alblinsenbratlinge
mit gegrilltem Gemüse

Zutaten für 5 Personen
Für die Bratlinge
300 g Alblinsen
¼ l Milch
150 g altbackenes Brot
150 g Möhren
150 g Sellerie
1 EL Butter
150 g Zwiebeln
3 Eier
2 TL Mehl
1 Msp. Zucker
Salz
Gewürze (Kreuzkümmel, Paprikapulver, Bockshornklee, Oregano)
Öl zum Braten

Für das gegrillte Gemüse
10 Stiele Mangold
1 Zwiebel
2 EL Butter
2 Spitzpaprikaschoten
2 Fenchelknollen
1 Knoblauchzehe
1 Zweig Rosmarin
100 ml Olivenöl
Saft von 1 Zitrone

Für die Kräutersauce
je 4 Stiele Majoran und Minze
500 g Naturjoghurt
200 ml Olivenöl
Salz // Pfeffer aus der Mühle
3 TL Honig

1. Für die Bratlinge in einem Topf Wasser zum Kochen bringen und die Linsen darin etwa 30 Minuten garen, bis sie sämig sind. In ein Sieb abgießen und abkühlen lassen. Die Milch erwärmen und das Brot darin einweichen. Möhren und Sellerie putzen, schälen und in sehr kleine Würfel schneiden. Die Butter in einer Pfanne erhitzen und das Gemüse darin andünsten. Die Zwiebeln schälen und in feine Würfel schneiden.

2. Das eingeweichte Brot ausdrücken. In einer Schüssel Linsen, Möhren, Sellerie, Zwiebeln, ausgedrücktes Brot, Eier, Mehl, Zucker, 1 TL Salz und Gewürze gründlich vermischen. Aus dem Teig Bratlinge formen. Das Öl in einer Pfanne erhitzen und die Bratlinge darin rundum knusprig braten.

3. Für das gegrillte Gemüse den Mangold putzen und waschen. Die Blätter von den harten Stielen und Blattrippen schneiden. Die Stiele und die Blätter beiseitelegen. Die Zwiebel schälen und in feine Würfel schneiden. Die Butter in einer Pfanne erhitzen, Mangoldblätter und Zwiebel darin anbraten.

4. Einen Holzkohlegrill einheizen (ersatzweise eine Grillpfanne verwenden). Mangoldstiele, Spitzpaprika und Fenchelknollen kurz in kochendem Wasser blanchieren. Abgießen, abschrecken und im Ganzen auf dem Grill rösten. Den Knoblauch schälen und in feine Würfel schneiden. Den Rosmarin waschen und trocken schütteln. Vom Gemüse die verbrannten Stellen und die Haut entfernen. In Olivenöl, Knoblauch und Rosmarin 15 Minuten einlegen.

5. Für die Kräutersauce den Majoran und die Minze waschen, trocken schütteln und die Blätter abzupfen. Den Joghurt mit dem Olivenöl vermischen. 2 TL Salz, Pfeffer, Honig, Majoran und Minze hinzufügen, gut vermischen und mit dem Stabmixer zerkleinern.

6. Das gegrillte Gemüse auf Teller verteilen und mit etwas Zitronensaft beträufeln. Jeweils einige Bratlinge daneben anrichten und mit einem Schälchen Kräutersauce servieren.

Gefüllter Portobello mit Avocadotrüffeln

1. Für die gefüllten Pilze die frischen Aprikosen waschen, längs halbieren, entsteinen und in kleine Würfel schneiden. Die getrockneten Aprikosen in feine Würfel schneiden. Den Ingwer schälen und in sehr feine Würfel schneiden oder auf der Gemüsereibe fein reiben. Nach Belieben den Koriander waschen, trocken schütteln und fein hacken. Alle vorbereiteten Zutaten mit der Sojasauce und den Chiliflocken vermischen. Die Pilze putzen, dabei die Stiele entfernen. Die Portobellohüte in der Marinade etwa 3 Stunden ziehen lassen.

2. Den Reis mit der doppelten Menge Wasser in einen Topf geben, zum Kochen bringen und etwa 40 Minuten garen.

3. Den Backofen auf 180 °C vorheizen. Die Pilze aus der Marinade nehmen und mit der runden Seite unten in eine Auflaufform legen. Die Portobellohüte mit Aprikosen-Soja-Marinade füllen und 10 Minuten im Ofen backen.

4. Für das Erdnuss-Chutney eine Pfanne ohne Fett erhitzen und die Erdnüsse darin anrösten, bis sie duften. Herausnehmen und beiseitestellen. Den Knoblauch schälen und in Würfel schneiden. Die Chilischoten längs halbieren, entkernen, waschen und in schmale Streifen schneiden. Das Öl in einer Pfanne erhitzen. Kreuzkümmel, Sesam, Kokosraspeln, Chilis und Knoblauch darin bei mittlerer Hitze unter Rühren rösten. Mit den Erdnüssen und dem Zitronensaft in einen Rührbecher füllen und mit dem Stabmixer fein pürieren.

5. Für die Avocadotrüffeln die Mango schälen, das Fruchtfleisch auf den flachen Seiten vom Stein und in Würfel schneiden. Den Sesam in einer Pfanne ohne Fett anrösten und unter die Mango mischen. Nach Belieben den Koriander waschen, trocken schütteln und fein hacken. Unter die Mango heben und mit Salz, Pfeffer und Chiliflocken abschmecken.

6. Die Avocados halbieren und jeweils den Stein entfernen. Mit einem Löffel etwas Fruchtfleisch aus der Mitte herauslösen und die Schnittfläche der Avocados mit Zitronensaft beträufeln. Den entstandenen Hohlraum mit der Mango-Sesam-Mischung füllen, die Avocadohälften wieder zusammenfügen und vorsichtig schälen. Die geschälten Seiten mit Blüten bestreuen.

7. Zum Servieren den Reis auf Teller verteilen, daneben je 1 gebackenen Portobello und 1 Avocadotrüffel platzieren. Das Erdnuss-Chutney in Schälchen dazureichen.

Zutaten für 5 Personen
Für die gefüllten Pilze
250 g Aprikosen (frisch oder getrocknet)
2 walnussgroße Stücke Ingwer
1 Handvoll Korianderblätter
   (nach Belieben)
¼ l Sojasauce
½ TL Chiliflocken
5 Portobello-Pilze

Für das Erdnuss-Chutney
125 g geschälte Erdnusskerne
8 Knoblauchzehen
6 Chilischoten
3 EL Öl
1 TL Kreuzkümmel
1 EL Sesamsamen
40 g Kokosraspel
Saft von 4–5 Zitronen

Für die Avocadotrüffeln
1 reife Mango
2 EL Sesamsamen
1 Handvoll Korianderblätter
   (nach Belieben)
Salz // Pfeffer aus der Mühle
Chiliflocken
5 Avocados
Zitronensaft
1 Packung getrocknete Blüten

Außerdem
300 g Camargue-Reis

Zanderfilet auf Gurkengemüse mit Rote-Bete-Schaum und Kartoffelrosen

Zutaten für 5 Personen

Für den Zander
5 Zanderfilets (mit Haut)
Salz // Pfeffer aus der Mühle
Saft von 1 Zitrone
Mehl zum Bestäuben
2 EL Butter

Für das Gurkengemüse
2 Salatgurken
Salz
2 Zwiebeln
50 g Butter
200 ml Weißwein
300 g Sahne
1 TL getrockneter Dill
Pfeffer aus der Mühle

Für die Kartoffeln
4 mehligkochende Kartoffeln
40 g Butter
Meersalz

Für den Rote-Bete-Schaum
2 Schalotten
1 EL Butter
Mehl zum Bestäuben
100 ml Weißwein
200 g Sahne
1 TL geriebener Meerrettich (Glas)
Salz // Pfeffer aus der Mühle
2 Rote Beten (vorgegart und
  vakuumiert)

Außerdem
1 Silikonmuffinform für 6 Stück

1. Für den Zander die Fischfilets waschen, trocken tupfen, mit Salz und Pfeffer würzen und im Zitronensaft marinieren.

2. Für das Gurkengemüse die Gurken schälen, längs halbieren und entkernen. Die Gurkenhälften in Scheiben schneiden, in eine Schüssel geben und mit Salz würzen. Die Zwiebeln schälen und in feine Würfel schneiden.

3. Die Butter in einer Pfanne erhitzen und die Zwiebeln darin anbraten. Die Gurkenscheiben dazugeben und 2 bis 3 Minuten mitdünsten. Den Weißwein angießen und einkochen lassen. Die Sahne und den Dill dazugeben, mit Pfeffer würzen und weiterköcheln lassen.

4. Für die Kartoffeln den Backofen auf 180 °C (Umluft) vorheizen. Die Kartoffeln schälen, waschen und längs in feine Scheiben hobeln. Auf der Arbeitsfläche je 8 große Scheiben nebeneinanderlegen und mit der Butter bestreichen. Vorsichtig von einer Seite aufrollen, sodass eine „Rose" entsteht. Die Kartoffelrosen in eine Silikonmuffinform setzen und mit kleineren Kartoffelscheiben auffüllen. Nochmals mit Butter und dem Meersalz beträufeln. Im Ofen etwa 25 Minuten backen.

5. Für den Rote-Bete-Schaum die Schalotten schälen und in feine Würfel schneiden. Die Butter in einer Pfanne erhitzen und die Schalotten darin andünsten. Etwas Mehl darüberstäuben und unterrühren. Den Wein und die Sahne angießen. Meerrettich dazugeben, mit Salz und Pfeffer würzen.

6. Die Roten Beten in grobe Stücke schneiden und im Mixer pürieren, dabei am besten Einweghandschuhe tragen, da die Knollen stark abfärben.

7. Den Zander aus der Marinade nehmen und mit Mehl bestäuben. Die Butter in einer Pfanne erhitzen und die Fischfilets darin auf beiden Seiten knusprig braten. Die Roten Beten unter den Saucenansatz rühren und die Sauce schaumig aufschlagen. Die Fischfilets auf Teller verteilen und mit Gurkengemüse, Kartoffelrosen und Rote-Bete-Schaum anrichten.

Lachsfilet mit Quinoa-Chia-Paprika und Sweet-Onion-Sauce

1. Drei Zwiebeln schälen und in schmale Ringe schneiden. In einer Pfanne 1 EL Butter erhitzen und die Zwiebeln darin goldbraun braten. 1 EL Honig darüberträufeln und die Zwiebeln weitere 2 bis 3 Minuten karamellisieren.

2. Die restlichen Zwiebeln schälen und in feine Würfel schneiden. In der restlichen Butter anbraten und kurz in 1 EL Honig schwenken. Etwa ½ l Wasser, Schmand, 1 EL Kräuterbutter, 2 EL Chiasamen und Brühwürfel dazugeben und alles verrühren. Mit Salz, Pfeffer, Rosa Pfefferbeeren und Knoblauchpulver würzen.

3. Die Paprikaschoten längs halbieren, entkernen, waschen und in kleine Stücke schneiden. Mit etwas Salz und Pfeffer in 1 EL Kräuterbutter anbraten, im restlichen Honig schwenken.

4. Die Quinoa nach Packungsanweisung zubereiten. Die Paprika und die restlichen Chiasamen untermischen, die restliche Kräuterbutter dazugeben und 5 Minuten ziehen lassen.

5. Den Lachs waschen und trocken tupfen. Mit Salz, Pfeffer und Knoblauchpulver würzen. Das Olivenöl in einer Pfanne erhitzen und den Lachs darin 5 bis 10 Minuten bei mittlerer Hitze braten. Herd ausschalten, Deckel auflegen und den Lachs 5 weitere Minuten ziehen lassen.

6. Den Quinoa-Chia-Paprika-Mix auf Teller verteilen, jeweils 1 Stück Lachs darauf anrichten und die Zwiebelringe darüberstreuen. Die Zitronen heiß waschen, vierteln und mit der Sweet-Onion-Sauce servieren.

Zutaten für 5 Personen
5 Zwiebeln
2 EL Butter
3 EL Honig
1 EL Schmand
3 EL Kräuterbutter
100 g Chiasamen
1 Brühwürfel
Salz // Pfeffer aus der Mühle
Rosa Pfefferbeeren
Knoblauchpulver
2 rote Paprikaschoten
300 g Quinoa
1½ kg Lachsfilet
1 EL Olivenöl
2 Bio-Zitronen

TIPP: Für mehr Kreativität auf dem Teller kann der Quinoa-Chia-Paprika Mix mit einem Löffel in eine beliebige Form (Sandkastenförmchen) gepresst werden. Die Form wird dann auf den Teller gestürzt, wodurch witzige oder eindrucksvolle Foodformationen möglich sind.

Lachsfilet mit indischem Brokkoli und Süßkartoffeln

Zutaten für 5 Personen
Für das Lachsfilet
1 kg Lachsfilet (mit Haut)
1–2 TL Sesamöl
Sojasauce
10 g Ingwer
Salz // Pfeffer aus der Mühle

Für den Brokkoli
Salz
3 Brokkoli
Schwarzkümmel
Kreuzkümmel
Korianderkörner
Olivenöl
Salz // Pfeffer aus der Mühle

Für den Zitronen-Dip
250 g Naturjoghurt
150 g Crème fraîche
1 Bio-Zitrone
Salz // Pfeffer aus der Mühle

Für die Süßkartoffeln mit Fetatopping
5 große Süßkartoffeln
Currypulver
edelsüßes Paprikapulver
Schabziger-Klee-Pulver
Salz // Pfeffer aus der Mühle
Olivenöl
100 ml Gemüsebrühe
200 g Feta (Schafskäse)

1. Für das Lachsfilet den Backofen auf 180 °C vorheizen. Den Lachs waschen und trocken tupfen. Etwas Sesamöl und Sojasauce in eine große Auflaufform mit Deckel geben und den Lachs auf der Hautseite hineinlegen. Den Ingwer schälen, fein reiben und auf dem Lachs verteilen. Mit Salz und Pfeffer würzen.

2. Das Sesamöl auf den Lachs träufeln. Etwa 2 cm hoch Sojasauce in die Auflaufform gießen. Den Deckel auflegen und den Fisch im Ofen 15 bis 20 Minuten garen.

3. Für den Brokkoli Salzwasser zum Kochen bringen. Brokkoli putzen, waschen und in Röschen teilen. Im Salzwasser 4 bis 6 Minuten garen. In ein Sieb abgießen. Die Gewürze im Mörser zerstoßen und in reichlich Olivenöl bei mittlerer Hitze anrösten. Die Brokkoliröschen dazugeben und mitbraten. Mit Salz und Pfeffer würzen.

4. Für den Zitronen-Dip den Joghurt und die Crème fraîche verrühren. Die Zitrone heiß waschen, trocken reiben, die Schale fein abreiben und den Saft auspressen. Zitronenschale und -saft nach Geschmack unterrühren und mit Salz und Pfeffer würzen.

5. Für die Süßkartoffeln den Backofen auf 180 °C vorheizen. Die Süßkartoffeln waschen, schälen und in 1 cm dicke Scheiben schneiden. In einer Schüssel Süßkartoffeln, Gewürze und Olivenöl gut vermischen. Die Süßkartoffelscheiben dachziegelartig auf einem Backblech verteilen. Die Brühe darübergießen. Den Feta über die Süßkartoffeln bröseln. Zum Schluss Olivenöl darüberträufeln. Das Blech mit einem zweiten Backblech bedecken und die Süßkartoffeln im Ofen auf der mittleren Schiene 45 bis 50 Minuten backen.

6. Zum Servieren den Fisch mit der Sojasauce und dem Sesam auf Teller verteilen und mit Brokkoli, Zitronen-Dip und Süßkartoffeln anrichten.

Coq au Vin mit Salat

1. Für das Coq au Vin die Möhren putzen, schälen und in 3 bis 5 mm dicke Scheiben schneiden. Den Sellerie waschen und in Scheiben schneiden. Die Zwiebeln schälen und vierteln. Den Knoblauch schälen und grob hacken. Die Pilze putzen und vierteln. Den Thymian waschen und trocken schütteln.

2. Die Hähnchenschenkel rundum mit Salz und Pfeffer würzen. In einem großen Schmortopf das Olivenöl erhitzen, die Speckwürfel darin anbraten, herausnehmen und auf Küchenpapier entfetten.

3. Die Hähnchenschenkel portionsweise im heißen Fett anbraten, herausnehmen und beiseitestellen. Die Zwiebeln bei mittlerer Hitze anbraten. Knoblauch, Lorbeer und Thymian dazugeben und etwa 3 Minuten unter Rühren weiterbraten.

4. Das Gemüse, den Speck und die Pilze dazugeben. Die Hähnchenschenkel daraufschichten, den Rotwein und den Fond angießen. Das Coq au Vin bei schwacher Hitze 2 bis 3 Stunden schmoren lassen, nicht umrühren. Mit Salz und Pfeffer abschmecken.

5. Inzwischen für den grünen Blattsalat vom Kopfsalat die äußeren Blätter entfernen. Den Salat in die einzelnen Blätter teilen, waschen, trocken schleudern und in mundgerechte Stücke zupfen. Aus Essig, Öl, Senf und Honig eine Vinaigrette anrühren. Die Schalotte schälen, in feine Würfel schneiden und unterrühren. Mit Salz und Pfeffer abschmecken.

6. Das Coq au Vin auf Tellern anrichten. Die Vinaigrette unter den Salat mischen und den Salat dazu servieren.

Zutaten für 5 Personen
Für das Coq au Vin
2 Möhren
4 Stangen Staudensellerie
3 rote Zwiebeln
5 Knoblauchzehen
200 g Champignons
4 Zweige Thymian
12 Hähnchenschenkel
Salz // Pfeffer aus der Mühle
3 EL Olivenöl
150–200 g durchwachsener Räucher-
    speck (in Würfeln)
4 Lorbeerblätter
1 Flasche trockener Rotwein (750 ml)
ca. 200 ml Geflügelfond

Für den grünen Blattsalat
1 Kopfsalat
3 EL Rotweinessig
5 EL Olivenöl
1 EL Dijon-Senf
1 EL Honig
1 Schalotte
Salz // Pfeffer aus der Mühle

TIPP: Der Eintopf ist so herrlich, dass er fast ohne Beilage schmeckt. Aber zum Sattwerden schadet es natürlich nicht, wenn das Coq au Vin mit Basmatireis, Kartoffeln oder auch mal nur mit frischem Baguette serviert wird. Und dazu natürlich ein kräftiger Rotwein!

Das Auge isst mit: Wie man Speisen arrangiert

„Da läuft einem ja schon beim Anblick das Wasser im Mund zusammen ...!" Solche Komplimente hört man gern, wenn man Stunden in der Küche verbracht hat, um ein leckeres Menü für liebe Freunde vorzubereiten. Gut, dass schon wenige Tricks und Kniffe genügen, um Fisch, Fleisch und Gemüse optisch ansprechend zu arrangieren und bei den Gästen für Wow-Effekte zu sorgen.

Die Hauptsache kommt in die Mitte

Platzieren Sie Fleisch, Fisch oder die vegetarische Hauptzutat in der Mitte des Tellers, damit gleich das Auge darauf fällt. Klassisch arrangieren Sie die Beilagen außen herum, zuletzt träufeln Sie Sauce um die Hauptzutat. Oder Sie gießen die Sauce als Spiegel (nicht als See!) in den Teller und stapeln darüber die Beilagen wie ein Türmchen aufeinander (siehe unten). Die Hauptzutat kommt als i-Tüpfelchen obendrauf.

Die Beilagen

Kartoffeln und Gemüse lassen sich wunderbar in Scheiben schneiden und wie ein Fächer auf dem Teller platzieren. Wenn sich dabei unterschiedliche Farben abwechseln – umso besser! Der Fantasie sind hier kaum Grenzen gesetzt: Sie können die Beilagen zum Beispiel auch in parallelen Straßen über den Teller legen, sodass sie wie mit der Schnur gezogen über den Teller wandern. Beachten Sie dabei eine Profiregel und legen Sie immer eine ungerade Zahl (also 1, 3 oder 5) von Straßen. Lange Nudeln wie Spaghetti, Linguine oder Tagliatelle lassen sich mithilfe einer Gabel zu hübschen Nestern drehen. Muster wie Rauten, Kreise oder Spiralen – egal, wofür Sie sich entscheiden: Achten Sie darauf, dass der angerichtete Teller aufgeräumt und nicht überladen aussieht.

Achtung: Der Tellerrand ist für Kräuter und Brösel tabu!

Nebeneinander oder übereinander?

Das ist eine Gewissensfrage, die jeder Koch ein wenig anders entscheidet. Viele mögen es, wenn die einzelnen Komponenten eines Gerichts nebeneinander arrangiert werden und sich so auch optisch gut voneinander abgrenzen lassen. Dabei sind natürlich Kontraste wichtig. Gibt es verschiedene Beilagen, sollten diese sich nicht nur im Aroma, sondern auch in Textur und Farbe unterscheiden. So entstehen optisch interessante Hingucker. Andererseits kann auch ein kleines Türmchen aus Püree mit gebratenem Filet und einer Krone aus Gemüsewürfelchen sehr einladend aussehen. Auch hier ist es toll, wenn die einzelnen Etagen des Turms möglichst kontrastreich sind.

Was mach ich mit der Sauce?

Schlagen Sie Ihre Sauce kurz vor dem Servieren mit einem Stabmixer auf. Dadurch entsteht ein schöner Schaum und Sie können mit einem Löffel eine leichte Spur auf dem Teller legen. In einem dunklen Saucenspiegel sorgt ein Klecks Sahne oder Crème fraîche für einen reizvollen Kontrast. Profis können mit einem Zahnstocher noch ein Muster in die Sahne zeichnen.

Auch das Drumherum ist wichtig!

Die Speisen kommen am besten zur Geltung, wenn das Drumherum, also Besteck, Geschirr und Deko, eher dezent ist. Auf hellen, einfarbigen Teller arrangiert, spielt das Essen die Hauptrolle. Ist das Geschirr dagegen bunt gemustert, haben es viele Gerichte schwer. Denken Sie daran, dass feine Speisen wie helle Suppen, Fischgerichte oder Risottos in Porzellantellern besser wirken als in derber Keramik. Ein deftiges Curry oder ein herzhafter Eintopf dagegen darf ruhig in einer rustikalen Steingut-Bowl serviert werden.

KLEIN, ABER OHO:
PRAKTISCHE KÜCHENHELFER
Förmchen

Kleine Weckgläser, Förmchen oder Schalen in verschiedenen Ausführungen sind nicht nur für die Nachspeise praktisch. Sie eignen sich auch perfekt, um Vorspeisen oder Fingerfood darin ansprechend anzurichten. Und auch zum Trimmen der Beilagen sind sie zu gebrauchen: So kann man Reis, Couscous oder Püree in Förmchen füllen und auf die Teller stürzen. Wenn es thematisch passt, verwenden Sie als Ausstecher Herzen, Sterne oder in der Weihnachtszeit Engel und Tannenbäume.

Metallringe

Beilagen wie Reis, Kartoffelpüree, Couscous oder Polenta lassen sich mit einem Metallring blitzschnell in Form bringen. Füllen Sie den Ring mit der Beilage und drücken Sie sie etwas an, dann können Sie den Ring abnehmen. Wenn Sie einen Ring mit hohem Rand verwenden, können Sie damit verschiedene Beilagen in die Höhe stapeln.

Spritzbeutel oder Quetschflasche

Nicht alles muss süß sein, was aus der Tülle kommt! Auch Pürees können Sie mithilfe eines Spritzbeutels ansprechend arrangieren. Entweder verwenden Sie dazu eine große Lochtülle oder – wenn Sie es verspielt mögen – eine Sterntülle, um das Püree auf dem Teller anzurichten. Natürlich ist der Spritzbeutel auch für das Dekorieren von Desserts, Torten, Muffins und Cupcakes perfekt geeignet. Weniger Kleckerei gibt es, wenn Sie eine Quetschflasche verwenden. Sie ist ideal, wenn das Püree sehr cremig und damit für den Spritzbeutel zu flüssig ist. Mit der Quetschflasche lässt sich übrigens auch Sauce oder

> *Alles, was auf dem
> Teller liegt,
> muss genießbar sein –
> vor allem die Deko.*

Dressing wunderbar verteilen und in Tupfen oder Streifen auf den Teller geben.

Spieße

Besteht eine Komponente Ihres Menüs aus gerösteten Brotwürfeln, Kirschtomaten, gebratenen Garnelen, Obststücken oder Ähnlichem, können Sie diese Zutaten auf Metallspieße fädeln und zu Suppe oder Salat servieren.

KRÄUTER UND ESSBARE BLÜTEN

Kräuter, Schnittlauchstängel oder essbare Blüten eignen sich perfekt dazu, den Speisen optisch den letzten Schliff zu geben. Zu deftiger Hausmannskost passt Petersilie, Schnittlauch, ein Blatt Liebstöckel oder auch Majoran, zu asiatischen Gerichten Koriander und Thai-Basilikum, zu mediterranen Gerichten Oregano, Rosmarin und Thymian. Folgende Blüten sind essbar:

Weiß: Gänseblümchen, Holunder, Echter Jasmin, Schafgarbe

Gelb/orange: Ringelblume, Löwenzahn, Chrysanthemen, Schlüsselblume

Rot: Mohn, Rose, Kapuzinerkresse, Malve

Blau: Kornblume, Borretsch, Lavendel, Veilchen, Schnittlauch

Entenbrust mit Kartoffel-Kürbis-Tarte

1. Für die Tarte den Backofen auf 175 °C vorheizen. Mehl und Butter verkneten. 1 Prise Salz, Ei und Milch hinzufügen, zu einem elastischen Teig verarbeiten. Mit dem Nudelholz zu einem ½ cm dünnen Rechteck ausrollen. Teig vorsichtig in eine gefettete Tarteform legen, Ränder gut andrücken, überstehenden Teig entfernen. Tarteform 30 Minuten kühl stellen.

2. Den Teigboden mit einer Gabel mehrfach einstechen, mit Backpapier auslegen, Hülsenfrüchte daraufgeben. Im Ofen auf der mittleren Schiene 15 bis 20 Minuten blindbacken.

3. Für die Füllung die Champignons putzen und klein schneiden. Zwiebel und Knoblauch schälen und in Würfel schneiden. In einer Pfanne die Butter erhitzen und Zwiebel, Knoblauch und Pilze darin anbraten. Mit Salz und Pfeffer würzen. Mit dem Stabmixer nicht zu fein pürieren. Die Kartoffeln unter die Pilzmasse rühren.

4. Für die Kürbiscreme den Frischkäse mit saurer Sahne und Kürbispüree pürieren. Durch ein Sieb streichen, mit Ei, Parmesan und 1 Prise Muskatnuss verrühren. Mit Salz und Pfeffer würzen.

5. Die Pilzfarce 1 bis 2 cm hoch auf den Teig geben, leicht andrücken. Die Kürbis-Frischkäse-Creme darüberstreichen. Die Tarte im Ofen 25 Minuten backen, herausnehmen.

6. Brokkoli putzen, waschen und in Röschen teilen. In kochendem Wasser 10 Minuten garen, herausnehmen und mit 1 Prise Muskatnuss, Salz und Pfeffer würzen. Die Butter in einer Pfanne erhitzen und die Mandeln darin goldbraun rösten.

7. Die Entenbrustfilets waschen, trocken tupfen. Die Haut einschneiden, mit Salz und Pfeffer würzen. In eine ofenfeste Pfanne geben, erhitzen und braten, bis die Haut kross ist. Wenden und 2 Minuten weiterbraten. Die Entenbrüste aus der Pfanne nehmen und im Ofen 20 Minuten fertig garen. Das austretende Fett in der Fettpfanne des Ofens auffangen. Zwiebel in einer Pfanne anbraten, mit Wein ablöschen und zur Hälfte einkochen. Rosmarin dazugeben. Den ausgetretenen Bratensaft dazugeben, aufkochen und durch ein Sieb passieren. Mit Mehl und Butter binden, mit Salz und Pfeffer abschmecken.

8. Die Entenbrust aufschneiden. Die Tarte in Stücke teilen und mit Brokkoli auf Tellern anrichten. Mandelbutter über den Brokkoli träufeln. Auf einem Saucenspiegel die Entenbrust dazusetzen.

Zutaten für 5 Personen
Für die Tarte
150 g Mehl
75 g kalte Butter
Salz
1 Ei
1 EL kalte Milch
Fett für die Form
500 g getrocknete Hülsenfrüchte zum Blindbacken

Für die Füllung
250 g Champignons
1 Zwiebel // 1 Knoblauchzehe
1 EL Butter
Salz // Pfeffer aus der Mühle
250 g kleine Kartoffelwürfel

Für die Kürbis-Frischkäse-Creme
150 g Frischkäse
70 g saure Sahne
70 g Kürbispüree
1 Ei
50 g Parmesan
frisch geriebene Muskatnuss
Salz // Pfeffer aus der Mühle

Für den Mandel-Brokkoli
1 kg Brokkoli
120 g Butter
100 g Mandelblättchen
frisch geriebene Muskatnuss
Salz // Pfeffer aus der Mühle

Für die Entenbrust
5 Barbarie-Entenbrustfilets
Salz // Pfeffer aus der Mühle
1 Zwiebel // ½ l Spätburgunder
1 Zweig Rosmarin
Mehl // Butter

TIPP: Nehmen Sie am besten ein großes Tee-Ei und geben dort die Gewürze hinein. So muss man am Ende nicht nach den Gewürznelken und Wacholderbeeren suchen, um sie wieder zu entfernen. Praktisch: Apfel-Rotkohl einen Tag vorher zubereiten und über Nacht in den Kühlschrank stellen. Schmeckt aufgewärmt noch besser!

Rollbraten mit Kartoffelflan

Zutaten für 5 Personen
Für den Rollbraten

2½ kg Nackenfleisch vom Schwein
1 Zwiebel
3 Möhren
2 Äpfel
Salz // Pfeffer aus der Mühle
1 TL getrockneter Majoran
1 TL getrockneter Thymian
50 g Dijon-Senf
300 g Backobstmischung

Für den Apfel-Rotkohl

750 g Rotkohl
1 rote Zwiebel
2 Äpfel
50 g Speckwürfel
1 EL Gänseschmalz
1 EL Butterschmalz
150 ml Apfelsaft
2 EL Apfelmus
3 Lorbeerblätter
3 Wacholderbeeren
5 Gewürznelken
5 Pimentkörner
Salz // Pfeffer aus der Mühle
Zucker

Für den Kartoffelflan

600 g mehligkochende Kartoffeln
5 Eier
200 g Butter
150 g Ricotta
Salz // Pfeffer aus der Mühle
frisch geriebene Muskatnuss

Außerdem

Timbalformen (ersatzweise ofenfeste
    kleine Formen)
Butter und Paniermehl für die Form

1. Für den Rollbraten das Fleisch vom Metzger vorbereiten lassen. Den Backofen auf 200 °C (Umluft: 175 °C) vorheizen. Die Zwiebel schälen und in Würfel schneiden. Die Möhren putzen, schälen und in grobe Stücke schneiden. Die Äpfel waschen und vierteln. Kerngehäuse entfernen und die Apfelviertel in Stücke schneiden.

2. Das Fleisch mit Salz, Pfeffer, Majoran und Thymian würzen. Mit etwas Senf bestreichen und die Backobstmischung darauf verteilen. Rundherum einen Rand frei lassen. Das Fleisch fest aufrollen und mit Küchengarn oder Holznadeln feststecken. Mit Salz und Pfeffer abschmecken und mit übrigem Senf bestreichen.

3. Den Braten in einen Bräter setzen. Zwiebel, Möhren und Äpfel um den Braten verteilen und mit ½ l Wasser aufgießen. Alles im Ofen 2 bis 2½ Stunden braten (nach 1 Stunde den Braten herausnehmen, etwa ¼ l Wasser angießen und 10 Minuten ruhen lassen).

4. Inzwischen für den Apfel-Rotkohl den Kohl vierteln und den Strunk entfernen. Den Kohl in sehr feine Streifen schneiden oder hobeln. Die Zwiebel schälen und in feine Würfel schneiden. Die Äpfel waschen, vierteln entkernen und die Viertel in Würfel schneiden.

5. In einem Topf die Speckwürfel ohne Fett auslassen, knusprig braten und herausnehmen. Gänse- und Butterschmalz zerlassen. Die Zwiebel- und Apfelwürfel darin bei mittlerer Hitze andünsten. Den Rotkohl portionsweise hinzufügen, unterrühren. Den Apfelsaft und das Apfelmus dazugeben und alles gut vermischen. Die Gewürze, Salz, Pfeffer und Zucker dazugeben, den Deckel auflegen und den Apfel-Rotkohl unter gelegentlichem Rühren etwa 2 Stunden köcheln lassen.

6. Den Deckel abnehmen und das Kohlgemüse einkochen lassen, bis die Flüssigkeit reduziert ist. Mit Salz, Pfeffer und Zucker abschmecken. Die Gewürze entfernen.

7. Für den Flan die Kartoffeln schälen, vierteln und weich garen. Durch eine Presse drücken und abkühlen lassen. Die Eier trennen. Die Eiweiße zu steifem Schnee schlagen. Die Eigelbe und die Butter schaumig rühren. Kartoffeln und Ricotta, Salz, Pfeffer und Muskatnuss untermischen. Den Eischnee unterheben. Den Backofen auf 180 °C vorheizen. Die Timbalformen mit Butter einstreichen und mit Paniermehl ausstreuen. Die Kartoffelmasse in die Formen geben und 25 Minuten backen. Den Flan herausnehmen, 15 Minuten abkühlen lassen und auf Teller stürzen. Den Braten aufschneiden und auf vorgewärmten Tellern anrichten. Mit Rotkohl servieren.

Schweinefilet, Pilzrisotto und Karamellbirnen

1. Für das Schweinefilet den Rosmarin waschen, trocken schütteln. Das Filet bei Bedarf parieren, mit Senf einreiben, mit Pfeffer und Rosmarin würzen, zum Marinieren kühl stellen. Den Backofen auf 150 °C vorheizen. Das Schweinefilet 1 Stunde vor dem Braten aus dem Kühlschrank nehmen, Rosmarin entfernen (aufbewahren!).

2. Die Birnen waschen, schälen, der Länge nach achteln, Kerngehäuse entfernen. Vanilleschote längs aufschneiden, das Mark herauskratzen. Butter bei starker Hitze in der Pfanne zerlassen. Zucker und Vanillemark hinzufügen, in der Butter schmelzen. Birnenspalten bei starker Hitze karamellisieren. Immer wieder wenden. Aus der Pfanne nehmen und auskühlen lassen.

3. Die Walnüsse auf einem Backblech auslegen und im Ofen 10 Minuten rösten, beiseitestellen. Die Temperatur auf 120 °C reduzieren.

Die Butter in einer Pfanne erhitzen, das Filet darin auf jeder Seite 12 bis 15 Minuten braten. Immer wieder mit Butter beträufeln. Pfanne vom Herd nehmen, Fleisch gleichmäßig mit Rum übergießen und flambieren. Herausnehmen, mit Rosmarin in Alufolie wickeln und im Ofen weitere 20 Minuten garen. Pfanne mit Bratensatz beiseitestellen.

4. Für das Risotto die Pilze putzen, in schmale Scheiben schneiden. Zwiebel schälen, in feine Würfel schneiden. Olivenöl in einem Topf erhitzen, Zwiebel darin anbraten. Risottoreis hinzufügen, unter Rühren mitbraten. Nach 2 Minuten mit Wein ablöschen. 1 Schöpfer Fond hinzufügen und alles bei schwacher Hitze köcheln. Immer wieder Fond angießen, bis der Reis nach 25 bis 30 Minuten fast gar ist. Parmesan einrühren, mit Salz und Pfeffer würzen. Pilze in der Pfanne mit dem Bratensaft bissfest garen, herausnehmen und warm halten.

5. Für die Quittensauce den Rum in der Pfanne erhitzen, einkochen und mit Fond ablöschen. Die Sahne angießen und Quittengelee einrühren. Etwa 5 Minuten bei starker Hitze einkochen, mit Salz und Pfeffer würzen.

6. Das Schweinefilet in 2 cm breite Medaillons schneiden. Pilze unter das Risotto heben. Medaillons mit dem Risotto, Birnenspalten und Sauce anrichten. Walnüsse aufstreuen. Servieren.

Zutaten für 5 Personen
Für das Schweinefilet
4 Zweige Rosmarin
1,2 kg Schweinefilet
2 EL Bauern- oder Dijon-Senf
Pfeffer aus der Mühle
40 g Butter
3 cl Rum (mind. 50 % Alkohol)
Salz

Für die Birnen
3 feste Birnen
½ Vanilleschote
1 EL Butter
2 EL brauner Zucker

Für das Risotto
100 g Champignons
100 g Pfifferlinge
1 Zwiebel
2 EL Olivenöl
300 g Risottoreis
100 ml trockener Weißwein
300 ml Gemüsefond
100 g geriebener Parmesan
Salz // Pfeffer aus der Mühle

Für die Quittensauce
4 cl Rum
50 ml Gemüsefond
250 g Sahne
2 TL Quittengelee
Salz // Pfeffer aus der Mühle

Außerdem
1 Streichholz
100 g Walnusskerne

Pulled Pork mit Avocado

Zutaten für 5 Personen
Für das Pulled Pork
4 EL Grillgewürzmischung
3 EL brauner Zucker
2½ kg Schweinenacken (nicht ausgeschnitten)
¼ l Ananassaft
150 ml Gemüsebrühe (doppelt konzentriert)

Für das Briochebrötchen
180 ml lauwarme Milch
40 g Butter
25 g brauner Zucker
¾ Würfel Hefe
340 g Mehl
1 Ei
Salz
1 Eigelb
1 EL Milch

Für die karamellisierten Zwiebeln
3 rote Zwiebeln
1 EL Olivenöl
1 EL Butter
½ TL Zucker
Salz
1 EL Aceto balsamico
2 Avocados
Zitronensaft

1. Am Vortag für das Pulled Pork die Grillgewürzmischung mit 1 bis 2 EL Zucker mischen, den Braten rundum damit einreiben. Das Fleisch in einen Gefrierbeutel geben, die Luft entweichen lassen, gut verschlossen 24 Stunden in der Würzmischung marinieren.

2. Am nächsten Tag für das Briochebrötchen Milch, Butter und Zucker leicht erwärmen und die Hefe darin auflösen. Mehl, Ei und 1 Prise Salz in eine Schüssel füllen, die Hefemilch dazugießen und mit den Knethaken des Handrührgeräts zu einem elastischen, glatten Teig verarbeiten. Den Teig in 8 gleich große Stücke teilen, zugedeckt an einem warmen Ort etwa 40 Minuten gehen lassen.

3. Die Ofentemperatur auf 200 °C erhöhen. Das Eigelb mit der Milch verquirlen und die aufgegangenen Brötchen damit bestreichen. Auf ein mit Backpapier belegtes Blech legen und im Ofen etwa 12 bis 15 Minuten backen. Herausnehmen und auf einem Kuchengitter abkühlen lassen.

4. Für den Braten den Backofen auf 110 °C vorheizen. Den Ananassaft, den restlichen Zucker und die konzentrierte Brühe mischen. Den Braten aus dem Beutel nehmen. Die Marinade in die Fruchtsaftmischung geben.

5. Die Mischung in ein tiefes Blech füllen, auf der untersten Schiene in den Ofen schieben. Den Braten auf den Grillrost dicht über dem Blech legen, 5 bis 6 Stunden braten. Immer wieder Wasser, Saft oder Brühe nachgießen.

6. Nach Ende der Garzeit den Braten herausnehmen und erst in Alufolie, dann in zwei Lagen Küchentücher wickeln. In einer Kühlbox mindestens 1 Stunde ruhen lassen.

7. Den Braten auspacken und die gesammelte Flüssigkeit zur Bratensauce geben. Den Braten mit zwei Gabeln auseinanderpflücken, in eine Schüssel füllen und mit Sauce beträufeln. Mit Alufolie abdecken, im Ofen bei 50 °C warm halten.

8. Für die karamellisierten Zwiebeln die Zwiebeln schälen und in etwa ½ cm dicke Ringe schneiden. Das Olivenöl und die Butter in einer Pfanne erhitzen und die Zwiebelringe darin goldbraun anbraten. Zucker und Salz darüberstreuen und mit dem Essig ablöschen.

9. Die Avocados halbieren und jeweils den Stein entfernen. Das Fruchtfleisch in Spalten schneiden. Auf die unteren Brötchenhälften legen, mit Salz würzen und mit Zitronensaft beträufeln. Pulled Pork daraufschichten, die Sauce darüberträufeln, zuletzt die karamellisierten Zwiebeln und die oberen Brötchenhälften darauflegen.

Kalbsschulter mit Spargel und Hollandaise

1. Für die Kalbsschulter den Backofen auf 150 °C vorheizen. Zwiebeln schälen, in Würfel schneiden. Wurzelgemüse putzen, in 1 cm große Würfel schneiden. In einem Bräter die Kalbsschulter im Butterschmalz rundum anbraten, beiseitestellen. Gemüse im Bratfett andünsten, mit Puderzucker karamellisieren. Tomatenmark kurz mitrösten. Mit einem Drittel des Weins ablöschen, sirupartig einkochen. Restlichen Wein nach und nach angießen, einkochen lassen.

2. Wurzelgemüse in den Bräter geben, mit Kalbsfond aufkochen. Kalbsschulter daraufsetzen. Zugedeckt im Ofen auf der untersten Schiene 1½ Stunden schmoren. Fleisch ab und zu wenden. Nach 1 Stunde Kräuter und Gewürze dazugeben.

3. Für das Gemüse den Spargel schälen, die holzigen Enden entfernen. Schalen und Abschnitte in einem Topf mit Wasser, Salz, Zucker, 1 EL Butter, Orangen- und Zitronensaft aufkochen. Etwa 30 Minuten ziehen lassen. Sud durch ein Sieb gießen. Spargel darin 8 bis 10 Minuten bissfest garen, abgießen. In 1 EL Butter anbraten.

4. Morcheln putzen. Schalotten schälen, in Würfel schneiden, in 1 EL Butter anbraten. Morcheln dazugeben. Mit Salz, Pfeffer und Madeira würzen. Möhren putzen, schälen, in kochendem Salzwasser bissfest garen. Kalt abschrecken, übrige Butter zerlassen und Gemüse darin mit 1 Prise Zucker wenden.

5. Für die Hollandaise die Schalotte schälen, in Würfel schneiden. Wein, Essig, Lorbeerblätter, Pfefferkörner und Schalottenwürfel aufkochen, auf die Hälfte reduzieren. Vom Herd nehmen, etwa 10 Minuten ziehen lassen, durch ein Sieb passieren.

6. Weinsud, Eigelbe und 1 Prise Meersalz in einer Metallschüssel verquirlen. Eiermasse über dem heißen Wasserbad schaumig schlagen. Die Schüssel vom Topf nehmen. Butter zerlassen. Die geklärte Flüssigkeit erst tröpfchenweise, dann in dünnem Strahl unter die Schaummasse rühren. Sauce mit Salz, Pfeffer und Orangensaft würzen. Die Fichtennadelspitzen waschen, hacken und die Hälfte unter die Hollandaise ziehen.

7. Kalbsschulter warm stellen. Übrige Fichtennadeln in die Sauce geben. Erneut aufkochen, 30 Minuten ziehen lassen und durch ein feines Sieb passieren. Auf die Hälfte einkochen. Die Kalbsschulter in Scheiben schneiden, mit dem Gemüse anrichten. Fichtenspitzenjus darüber träufeln.

Zutaten für 5 Personen

Für die Kalbsschulter

2 Zwiebeln
120 g Wurzelgemüse (Möhre, Sellerie, Petersilienwurzel, Staudensellerie)
1 kg flache Kalbsschulter
1 EL Butterschmalz // Puderzucker
1 EL Tomatenmark
400 ml Rotwein
1 l Kalbsfond
je 5 Zweige Rosmarin und Thymian
5 Wacholderbeeren
½ TL Pfefferkörner
½ TL Pimentpulver
3 Lorbeerblätter

Für das Gemüse

12 Stangen weißer Spargel
Salz // Zucker // 4 EL Butter
Saft von je 1 Orange und Zitrone
150 g frische Morcheln
2 Schalotten
Pfeffer aus der Mühle
1 EL Madeira (port. Likörwein)
4 Mini-Möhren

Für die Hollandaise

1 Schalotte
120 ml trockener Weißwein
3 EL Chardonnay-Essig
2 Lorbeerblätter // 1 TL Pfefferkörner
3 Eigelb
Meersalz
250 g Butter
Pfeffer aus der Mühle
2 TL frisch gepresster Orangensaft
100 g Fichtennadelspitzen

Ossobuco an Safranrisotto

Zutaten für 5 Personen
Für das Ossobuco
2 Zwiebeln
2 Möhren
2 Stangen Staudensellerie
5 Kalbsbeinscheiben
150 g Mehl
Salz // Pfeffer aus der Mühle
150 g Butter
125 ml Weißwein
½ l Gemüse- oder Rinderbrühe
½ Bund Petersilie
abgeriebene Schale von
   1 Bio-Zitrone

Für das Risotto
2 Zwiebeln
100 g Butter
300 g Risottoreis (Arborio)
125 ml Weißwein
1 l Hühnerbrühe
1 Döschen Safranfäden (0,1 g)
50 g Parmesan
Salz // Pfeffer aus der Mühle

1. Für das Ossobuco die Zwiebeln schälen und in feine Würfel schneiden. Die Möhren waschen, schälen und in kleine Würfel schneiden. Den Staudensellerie waschen, putzen und in kleine Würfel schneiden.

2. Die Kalbsbeinscheiben trocken tupfen. Das Mehl in einen tiefen Teller füllen, mit Salz und Pfeffer würzen und die Beinscheiben rundum darin wenden.

3. In einer großen Pfanne 50 g Butter erhitzen und die Beinscheiben darin bei mittlerer Hitze auf beiden Seiten anbraten. Herausnehmen und beiseitelegen. Die übrige Butter in der Pfanne erhitzen und das klein geschnittene Gemüse darin anbraten.

4. Die Beinscheiben auf das Gemüse legen, den Wein angießen und einmal aufkochen lassen. Die Brühe dazugießen, den Deckel auflegen und alles bei schwacher Hitze mindestens 2 Stunden kochen.

5. Inzwischen die Petersilie waschen, trocken schütteln, die Blätter abzupfen und sehr fein hacken. Mit der Zitronenschale mischen.

6. Für das Risotto die Zwiebeln schälen und in feine Würfel schneiden. Die Butter in einer Pfanne mit hohem Rand erhitzen und die Zwiebeln darin anbraten. Den Reis dazugeben und unter Rühren 2 Minuten mitbraten. Den Wein angießen und einmal aufkochen. Wenn der Wein verkocht ist, nach und nach die Brühe bis auf ein paar Esslöffel angießen. Das Risotto 20 bis 25 Minuten köcheln lassen, dabei immer wieder umrühren.

7. Kurz vor Ende der Garzeit den Safran in der beiseitegestellten Brühe auflösen und unter den Reis rühren. Den Parmesan mit dem Sparschäler über das Risotto hobeln und mit Salz und Pfeffer würzen. Zum Servieren die Petersilien-Zitronen-Gremolata auf das Ossobuco streuen.

Rindsragout in Erdnusssauce mit afrikanischem Gemüse

1. Die Zwiebel und den Ingwer schälen und in feine Würfel schneiden. Die Tomate waschen und in feine Würfel schneiden, dabei die Stielansätze entfernen. Das Fleisch waschen, trocken tupfen und in Würfel schneiden.

2. Das Olivenöl in einem großen Topf erhitzen und die Zwiebel- und Ingwerwürfel darin anbraten. Die Tomate und das Tomatenmark dazugeben und mitbraten. Die Fleischwürfel dazugeben und rundum weitere 2 bis 3 Minuten anbraten.

3. Etwa 1 l Wasser zum Kochen bringen und das Erdnussmus darin auflösen. Den Maniok schälen, in Scheiben schneiden. Die Erdnusssauce und den Maniok zum Ragout geben. Das Rindsragout bei schwacher Hitze 60 bis 70 Minuten sanft schmoren.

4. Inzwischen den Reis in einem Sieb gründlich mit kaltem Wasser abspülen. In einem Topf mit der doppelten Menge Wasser zum Kochen bringen, den Deckel auflegen und 10 bis 15 Minuten bei schwacher Hitze quellen lassen. In ein Sieb abgießen, mit Salz würzen und mit 1 EL Butter vermischen. Die Cashews in einer Pfanne ohne Fett anrösten und unter den Reis heben, warm halten.

5. Die Süßkartoffel schälen, waschen und in Scheiben schneiden. Die übrige Butter in einer Pfanne erhitzen und die Süßkartoffelscheiben darin bei mittlerer Hitze 8 bis 10 Minuten braten, bis sie gar sind. Mit Salz, Pfeffer und Zucker würzen.

6. Das Ragout mit dem Cashewreis auf Tellern anrichten. Süßkartoffelscheiben danebensetzen und nach Belieben mit etwas Basilikum garnieren.

Zutaten für 5 Personen
½ Zwiebel
1 haselnussgroßes Stück Ingwer
1 Tomate
1 kg Rindfleisch zum Schmoren
    (z.B. Schulter oder Keule)
3 EL Olivenöl
1 EL Tomatenmark
200 g Erdnussmus
1 Maniok (Asialaden)
500 g Basmatireis
Salz
2 EL Butter
100 g Cashewkerne
1 Süßkartoffel
Pfeffer aus der Mühle
½ TL brauner Zucker
Basilikumblätter zum Garnieren
    (nach Belieben)

Die Bier- und Weinbegleitung

Dass ein schönes Essen nicht automatisch von Wein begleitet werden muss, sondern auch wunderbar mit Bier funktioniert, ist eine relativ neue Erkenntnis, die sich – dank der Craft-Beer-Bewegung – allmählich durchsetzt. Wer sich darauf einlässt, kann sich über einmalige Geschmackserlebnisse freuen!

CRAFT-BIERE: WEG VOM MASSENPRODUKT HIN ZUR HANDWERKSKUNST

Seit einiger Zeit sind sie in aller Munde: Craft-Biere, die in kleinen, unabhängigen Brauereien auf der ganzen Welt von Hand gebraut werden. Geschmacklich sind diese kleinen Kostbarkeiten weit entfernt von jenem industriell hergestellten Produkt, das dazu geführt hat, dass Bier von vielen Feinschmeckern jahrzehntelang nur naserümpfend betrachtet wurde.

Im Gegenteil: Craft-Biere stehen ebenso sehr für handwerkliche Braukunst und geschmackliche Vielfalt wie für hohe Experimentierfreude und Kreativität. Die ambitionierten Brauer legen größten Wert auf hochwertige und regionale Zutaten, die ihren Bieren einen ganz eigenen Charakter verleiten – je nachdem, wo sie gebraut werden. Viele produzieren in Bio-Qualität. In schicken Gläsern präsentiert, zeigt sich Bier von einer ganz neuen, unbekannten Seite.

ESSEN UND BIER: EIN PAAR GRUNDREGELN
Das Ähnlichkeitsprinzip

Nach dem Motto „Gleich und gleich gesellt sich gern" werden dabei ähnliche Aromen kombiniert. So passen süße Biere ganz allgemein besonders gut zu süßen Desserts, aber auch zu Mehlspeisen, wenn diese als Hauptspeise gereicht werden. Stout- und Porter Biere, die von Haus aus eine schokoladige Note aufweisen, schmecken hervorragend zu Schokoladeneis, Mousse au Chocolat und Brownies. Biere mit karamelliger Malznote sind perfekte Begleiter für einen echten Krustenbraten.

||||||||||||||||||||||||||||||||||||||||||||||||

Zum Dessert darf es auch mal ein Schwarzbier oder ein Porter sein!

||||||||||||||||||||||||||||||||||||||||||||||||

Kontraste erzeugen Spannung

Süß zu scharf und bitter zu mild. Wenn Sie zu Ihrem Essen Bier servieren, gibt es viele Möglichkeiten, mit Gegensätzen zu spielen. Die Geschmacksvielfalt ist groß: Biere mit Röstaromen können zum Beispiel gut mit süßen Speisen. Auch wenn das auf den ersten Blick nicht einleuchtet: Versuchen Sie doch mal ein Rauchbier zu Käsekuchen! Oder kombinieren Sie ein herbes Pils mit einer fruchtig-scharfen BBQ-Sauce.

Wie Topf und Deckel

Wenn sich Bier und Speise gegenseitig noch besser machen, ist das ein einmaliges Geschmackserlebnis. Biere mit einem hohen Kohlensäuregehalt sind ideale Begleiter schwerer Gerichte, weil die Kohlensäure immer wieder den Gaumen „freisprudelt". Bestes Beispiel: ein Märzen zum klassischen Schweinebraten.

Von leicht zu schwer

Wenn das ganze Menü von Bier begleitet wird, empfiehlt es sich, mit dem leichtesten zur Vorspeise zu beginnen und das Menü mit dem stärksten Bier zu beenden. Dasselbe gilt für die Farbe: Die Bierfolge sollte sich idealerweise von hell zu dunkel steigern.

BIER UND FOOD PAIRING FÜR EINSTEIGER

Pils: Fisch, Meeresfrüchte, Spargel, asiatische Gerichte

Alt: Eintopf, gebratener Fisch, Braten, Steaks, Wild

Kölsch: Eintopf, gebratener Fisch, Geflügel, würziger Käse, süße Nachspeise

Helles Weizen: Salat, gekochter Fisch, Meeresfrüchte, Geflügel, milder Käse, süße Nachspeise

Dunkles Weizen: Wildgerichte

Export-Bier: gegrillter Fisch, gebratenes Geflügel, Braten

Helles Lager: Salat, gekochter Fisch, Geflügel, milder Käse

Dunkles Lager: Schmorbraten, Gulasch, Eintopfgerichte

Bockbier (Starkbier): Steak, Wildgerichte, reifer Blauschimmelkäse, nussige Käsesorten, Walnusseis

Schwarzbier: Steak, geschmorte Wildgerichte

Stout: Barbecue, süße Nachspeisen wie Crème brulée

Porter: gegrilltes Fleisch, dunkle Schokolade

ESSEN UND WEIN

Für Einsteiger: rot zu Fleisch und weiß zu Fisch? Klar, diese Regel gibt es. Und sicherlich schadet es auch nicht, sich zumindest grob daran zu halten. Andererseits ist heute vieles möglich. Und so schmeckt beispielsweise zu einem rustikalen Antipasti-Teller ein junger Morellino oder Chianti ganz hervorragend. Und zu würzig gegrilltem oder gebratenem Fisch und Meeresgetier bevorzugt mancher Genießer sowieso einen süffigen, gerbstoffarmen Rotwein wie einen Barbera d'Alba. Nur zu warm sollte er nicht sein. Wird der Rote bei 12 bis 13 Grad serviert, kommen seine Gerbstoffe (Tannine), die zu zartem Fisch nicht recht passen wollen, weniger zur Geltung. Andererseits mag mancher an einem lauen Sommerabend auch zum gebratenen Rinderfilet nicht auf sein Glas Riesling verzichten. Gönnen Sie es ihm und halten Sie für Ihre Gäste immer sowohl Weiß- als auch Rotwein bereit.

Für Kenner: Die Augenhöhe muss stimmen. Harmonie stellt sich vor allem dann ein, wenn Wein und Gericht Ähnlichkeiten aufweisen, sich also in Fülle, Gehalt, Duft- und Geschmacksnoten sowie -intensität Parallelen ergeben, wie es zum Beispiel bei einer kräftigen Sauce, kombiniert mit einem runden Pinot noir der Fall ist. Wer sich mit Wein gut auskennt, kann bei der Getränkeauswahl folgende drei Grundsätze beachten:
Das Gericht und der Wein sind gleichberechtigte Partner.
Der Wein soll den Geschmack der Speise unterstreichen – und nicht überdecken.
Weinfolge und Speisenfolge sollen in Aroma, Geschmack und Gehalt eine Steigerung erfahren.

DAS RICHTIGE GLAS

Man kann eine regelrechte Wissenschaft daraus machen und für jede Weinsorte ein passendes Glas in die Vitrine stellen.

Wem das zu aufwendig ist, der entscheidet sich für ein Degustationsglas mit langem Stiel, aus dem im Zweifelsfall sowohl Weiß- als auch Rotwein getrunken werden kann. Ansonsten gilt die Regel: je schlichter, desto besser.

Lammkarree mit Kräuterkruste

Zutaten für 5 Portionen
Für das Lammkarree

1 ½ kg Lammkarree
Salz // Pfeffer aus der Mühle
100 g gehackte Petersilie
je 2 EL gehackter Thymian und
  Rosmarin
5 EL Paniermehl
5–6 EL Olivenöl
1 Bund Suppengemüse

Für die Fächerkartoffeln

1 kg festkochende Kartoffeln
3 Knoblauchzehen
1 Zweig Rosmarin
1 Zweig Thymian
2 EL flüssige Butter
grobes Meersalz

Für das Frühlingsgemüse

2 Bund Bundmöhren
200 g Zuckerschoten
2 EL Butter

Für die Rotweinsauce

2 Schalotten
1 kleine Zwiebel
1 Knoblauchzehe
1 Zweig Rosmarin
2–3 Zweige Thymian
2 EL Butter
½ l Rotwein
1 Chilischote
200 ml Lamm- oder Bratenfond
150 g Sahne
½ EL rote Beerenkonfitüre
1 TL Dijon-Senf
Salz // Pfeffer aus der Mühle
1–2 TL Speisestärke (nach Belieben)

1. Für das Lammkarree das Fleisch waschen, trocken tupfen, mit Salz und Pfeffer würzen. In einer Schüssel gehackte Kräuter mit Paniermehl, Olivenöl, Salz und Pfeffer mischen.

2. Backofen auf 180 °C vorheizen. Suppengemüse putzen, schälen und in Stücke schneiden. In einen Bräter mit Gittereinsatz etwas Wasser füllen. Kräutermasse auf der Fleischseite des Lammkarrees verteilen und leicht andrücken. Das Fleisch in den Bräter legen, Gemüse rundherum verteilen. Im Ofen auf der mittleren Schiene etwa 25 Minuten garen.

3. Das Lamm aus dem Bräter nehmen, in Alufolie wickeln und beiseitelegen. Etwa ½ Tasse Bratensaft beiseitestellen.

4. Für die Fächerkartoffeln die Ofentemperatur auf 200 °C erhöhen. Die Kartoffeln mit der Schale gründlich waschen, im Abstand von etwa 3 mm ein-, aber nicht durchschneiden. Mit der Schnittseite nach oben in den Bräter legen. Knoblauch schälen, in Würfel schneiden. Kräuter waschen, trocken schütteln, Spitzen bzw. Blättchen fein hacken. Mit Butter mischen. Kartoffeln damit bestreichen, mit Meersalz bestreuen und im Ofen etwa 25 Minuten garen.

5. Für das Frühlingsgemüse das Möhrengrün so weit abschneiden, dass etwa 3 cm stehen bleiben.

Möhren putzen, schälen und bei Bedarf längs halbieren. In einen Dämpfeinsatz geben und diesen in einen mit wenig Wasser gefüllten Topf stellen. Möhren 10 Minuten dämpfen. Zuckerschoten putzen, waschen, dazugeben. 5 Minuten dämpfen, beiseitestellen.

6. Für die Rotweinsauce Schalotten, Zwiebel und Knoblauch schälen, in Würfel schneiden. Kräuter waschen und trocken schütteln. In einem Topf mit Butter Gemüsewürfel andünsten. Mit etwa der Hälfte des Weins ablöschen. Etwas einkochen lassen.

7. Beiseitegestellten Bratensaft, restlichen Wein, Chilischote und Kräuter in die Sauce geben. Köcheln lassen, nach und nach den Fond angießen. Auf die Hälfte einkochen lassen und durch ein Sieb in einen Topf gießen.

8. Die Butter in einer großen Pfanne zerlassen und das Frühlingsgemüse darin wenden. Sahne und Konfitüre in die Rotweinsauce geben, erhitzen und mit Senf, Salz und Pfeffer abschmecken. Nach Belieben Speisestärke in kaltem Wasser anrühren und die Sauce damit binden.

9. Die Lammkarrees in Scheiben schneiden, mit Kartoffeln, Gemüse und der Sauce anrichten.

Lammcurry mit Spinatcouscous und Auberginenragout

1. Für das Lamm-Curry den Backofen auf 150 °C vorheizen. Zwiebeln, Knoblauch und Ingwer schälen und in feine Würfel schneiden. Den Piment und den Koriander im Mörser zerstoßen. Die Salzzitronen vierteln. Die Minze waschen und trocken schütteln. Das Lammfleisch waschen, trocken tupfen und in große Würfel schneiden.

2. Die Tanjia (ein hohes Tongefäß, in dem langsam gegart wird, ähnlich einem Römertopf) mit Zwiebeln, Knoblauch, Ingwer, Fleisch, Zitronenvierteln, Trockenpflaumen, Gewürzen und Kräutern füllen. Öl und Wasser oder Wein darübergießen. Über die Topföffnung Butterbrotpapier legen und mit einer Küchenschnur festbinden. Die Tanjia im Ofen etwa 3 Stunden sanft garen.

3. Für das Auberginenragout die Auberginen waschen, putzen und in sehr kleine Würfel schneiden. Den Lauch längs halbieren, putzen, waschen und in feine Streifen schneiden. Den Knoblauch schälen und in feine Würfel schneiden. Die Petersilie und den Koriander waschen, trocken schütteln und die Blätter fein hacken. Den Sesam in einer Pfanne ohne Fett anrösten, beiseitestellen.

4. Das Olivenöl in einer großen Pfanne mit Deckel erhitzen und die Auberginenwürfel darin anbraten. Knoblauch, Gewürze und Lauch dazugeben und bei mittlerer Hitze unter Rühren weiterbraten. Die Hälfte der Gemüsebrühe angießen, den Deckel auflegen und das Gemüse bei schwacher Hitze weich garen. Nach 10 Minuten die restliche Brühe und den Granatapfelsaft dazugeben, umrühren. Zuletzt Petersilie, Koriander und Sesam unterrühren.

5. Für den Spinatcouscous Brühe zum Kochen bringen, Spinat verlesen, waschen und trocken schleudern. Couscous in einen Topf füllen und mit der kochenden Brühe übergießen. Kurkuma einrühren und Couscous mit aufgelegtem Deckel quellen lassen. Spinat zum Couscous geben, den Topf zurück auf den Herd stellen und noch einmal 2 bis 3 Minuten erhitzen, bis der Spinat zusammenfällt.

6. Das Lammcurry mit dem Auberginenragout und dem Couscous auf Tellern anrichten, mit Granatapfelkernen und nach Belieben Minzeblättern garnieren.

Zutaten für 5 Personen
Für das Lammcurry
2 Zwiebeln // 6 Knoblauchzehen
1 walnussgroßes Stück Ingwer
2 EL Pimentkörner
2 EL Korianderkörner // 2 Salzzitronen
2 Stiele Minze
1½ kg Lammfleisch (Keule)
25–30 Trockenpflaumen
2 EL gemahlener Kreuzkümmel
1 EL Chili (frisch, getrocknet oder Harissa)
2 EL getrockneter Thymian
2 EL getrockneter Rosmarin
200 ml Olivenöl
400 ml Wasser oder Rotwein
Minzeblätter zum Garnieren

Für das Auberginenragout
5–6 Auberginen // 2 Stangen Lauch
5 Knoblauchzehen // ½ Bund Petersilie
5 Stiele Koriander
5 EL Sesamsamen // 4 EL Olivenöl
10–12 Kardamomkapseln
½ TL gemahlener Kreuzkümmel
1 TL Garam Masala // ½ TL roter Pfeffer
2 EL Schwarzkümmelsamen
¼ l Gemüsebrühe
200 ml Granatapfelsaft (aus dem Reformhaus oder frisch gepresst)
Granatapfelkerne zum Garnieren

Für den Spinatcouscous
1 l Gemüsebrühe
500 g Blattspinat
250 g Couscous
gemahlene Kurkuma

Kaninchenkeulen mit Selleriepüree

Zutaten für 5 Personen
Für die Kaninchenkeulen

250 g Möhren
3 Schalotten
1 Knoblauchzehe
5 Kaninchenkeulen
Pfeffer aus der Mühle
Olivenöl
1 Tube Tomatenmark
½ l Rotwein
2 Zweige Thymian
Salz
1 TL Dijon-Senf
Speisestärke (nach Belieben)

Für das Selleriepüree

3 Knollensellerie
Salz // Pfeffer aus der Mühle
frisch geriebene Muskatnuss
200 g Sahne

Außerdem
Dampfgarer

1. Für die Kaninchenkeulen den Backofen auf 160 °C vorheizen. Die Möhren waschen, schälen und in grobe Stücke schneiden. Die Schalotten schälen und in feine Würfel schneiden. Knoblauch schälen und in feine Würfel schneiden. Die Kaninchenkeulen waschen, trocken tupfen und mit Pfeffer würzen. Das Olivenöl in einer Pfanne erhitzen und die Kaninchenkeulen darin anbraten. Pfanne beiseitestellen.

2. Die Möhrenstücke und zwei Drittel der Schalottenwürfel in einem Bräter verteilen, die angebratenen Kaninchenkeulen darauflegen und im Ofen etwa 2 Stunden braten.

3. Inzwischen für die Sauce die restlichen Schalottenwürfel und den Knoblauch in der Pfanne mit dem Bratfett andünsten. Das Tomatenmark einrühren und kurz mitbraten, den Wein angießen. Die Sauce bei schwacher Hitze köcheln lassen, bis die Kaninchenkeulen gar sind. Den Thymian waschen und trocken schütteln. Die Kaninchenkeulen mit Salz, Pfeffer, Thymian und Senf würzen. Nach Belieben mit etwas Speisestärke binden.

4. Für das Selleriepüree den Sellerie putzen, schälen und in kleine Würfel schneiden. Im Dampfgarer bei 100 °C 25 bis 30 Minuten dämpfen. In der Küchenmaschine fein pürieren. Das Püree durch ein feines Sieb streichen, mit Salz, Pfeffer und 1 Prise Muskatnuss würzen. Die Sahne erhitzen und unter das Püree rühren.

5. Die Kaninchenkeulen auf Tellern anrichten, die Sauce darübergießen und das Selleriepüree danebensetzen.

Wildschweinragout mit Rosenkohl

1. Für das Wildschweinragout die Wildschweinschulter waschen, trocken tupfen, falls nötig von groben Sehnen befreien und in 2 bis 3 cm große Würfel schneiden. Die Zwiebeln schälen, halbieren und in Streifen schneiden.

2. Den Backofen auf 80 °C vorheizen. Das Öl in einem großen Schmortopf erhitzen, die Fleischwürfel darin nacheinander in zwei Portionen bei mittlerer Hitze rundum anbraten. Herausnehmen. Die Zwiebelstreifen in den Topf geben und glasig dünsten. Das Tomatenmark unterrühren und einige Minuten mitdünsten. Das Fleisch dazugeben und mit der Brühe aufgießen. Den Deckel auflegen und im Ofen etwa 3 Stunden schmoren lassen.

3. Die Birnen 30 Minuten vor Garzeitende schälen, vierteln, entkernen, in grobe Würfel schneiden und unter das Ragout heben.

4. Wacholderbeeren, Pfeffer und Piment in ein Gewürzsäckchen füllen und 15 Minuten vor Garzeitende mit dem Lorbeerblatt in das Ragout geben. Thymian waschen und trocken schütteln. Mit Knoblauch, Ingwer, Zitronen- und Orangenschale hinzufügen, 5 Minuten ziehen lassen. Mit Gewürzsäckchen und Lorbeerblatt wieder entfernen. Das Ragout mit Salz und 1 Prise Cayennepfeffer abschmecken.

5. Für das Gemüse den Rosenkohl putzen, halbieren, in Salzwasser bissfest garen und abgießen. Kurz mit eiskaltem Wasser abschrecken, damit er die Farbe behält.

6. Den Speck in feine Streifen schneiden und in einer Pfanne im Olivenöl anrösten, herausnehmen und beiseitestellen. Die Zwiebel schälen, in feine Würfel schneiden und im Bratfett andünsten.

7. Den Rosenkohl und den Räucherspeck dazugeben, bei schwacher Hitze erwärmen. Die Butter unterrühren und den Kohl mit Salz, Pfeffer und 1 Prise Muskatnuss abschmecken.

8. Die Tagliatelle nach Packungsanweisung in reichlich Salzwasser bissfest garen, abgießen und in der Butter schwenken. Das Ragout mit dem Rosenkohl und den Bandnudeln auf Tellern anrichten.

Zutaten für 5 Personen

Für das Wildschweinragout

1,2 kg Wildschwein (Schulter)
800 g Zwiebeln
2 EL Öl
2 TL Tomatenmark
850 ml Hühnerbrühe
2 saftige Birnen
6 angedrückte Wacholderbeeren
½ TL schwarze Pfefferkörner
6 Pimentkörner
1 Lorbeerblatt
1 Knoblauchzehe (geschält und halbiert)
2 Scheiben Ingwer
1 Zweig Thymian
je 1 Streifen Bio-Zitronen- und Orangenschale
Salz // Cayennepfeffer

Für den Rosenkohl

500 g Rosenkohl
Salz
5 dünne Scheiben durchwachsener Räucherspeck
1 EL Olivenöl
1 Zwiebel
1 EL Butter
Pfeffer aus der Mühle
frisch geriebene Muskatnuss

Für die Bandnudeln

500 g Tagliatelle
Salz
1 EL Butter

Rehrücken mit Pilzknödeln

Zutaten für 5 Personen
Für den Rehrücken

1,2 kg Rehrücken
4 EL Öl
Salz // Pfeffer aus der Mühle
2 EL Kokosblütenzucker
3 Zweige Rosmarin
4 Wacholderbeeren
2 Knoblauchzehen
1 Flasche Rotwein (750 ml; z. B. Cabernet Sauvignon)
1 Zwiebel
5 Scheiben durchwachsener Räucherspeck
3 Lorbeerblätter
1 Zimtstange

Für den Fond

3 Möhren // ½ Sellerieknolle
2 Zwiebeln
500 g Rehrippen // 1 EL Olivenöl
1 EL Kokosblütenzucker
2 TL Tomatenmark
Portwein (nach Belieben)
400 ml Rotwein // Salz

Für die Pilzknödel

50 g getrocknete Steinpilze
1 Schalotte // 1 EL Butter
½ l Milch
250 g Weißbrot
1 Ei // 3 EL gehackte Petersilie
Salz

Für das Pflaumen-Chutney

1 kg Pflaumen // 10–12 Schalotten
2 Äpfel // 2 EL Olivenöl
200 g Kokosblütenzucker
1 Zimtstange // 150 ml Apfelessig
Salz // Cayennepfeffer

1. Für den Rehrücken das Fleisch mindestens 2 Tage vorher mit 1 EL Öl, Salz, Pfeffer und 1 EL Kokosblütenzucker einreiben. Rosmarin, Wacholderbeeren und Knoblauch dazugeben. Rehrücken mit 150 ml Wein übergießen. Im Kühlschrank marinieren.

2. Für den Fond Möhren und Sellerie putzen, die Zwiebeln schälen und alles in Würfel schneiden. Rehrippen im Olivenöl anbraten, Kokosblütenzucker einstreuen und leicht karamellisieren. Das Tomatenmark einrühren und kurz anrösten. Gemüse dazugeben, mit Portwein ablöschen. Zuletzt 1 l Wasser und den Rotwein angießen. Ohne Deckel bei mittlerer Hitze etwa 4 Stunden reduzieren lassen. Fond in ein Sieb abgießen, Gemüse und Rippen beiseitestellen. Fond mit Salz würzen und weiterreduzieren lassen, bis er die gewünschte Konsistenz hat.

3. Backofen auf 140 °C vorheizen. Fleisch aus dem Kühlschrank nehmen. Zwiebel schälen und in Würfel schneiden. Im Bräter 1 EL Öl erhitzen und Speck darin anbraten. Zwiebel hinzufügen und mitbraten. Restlichen Zucker einstreuen und alles kurz karamellisieren, an den Rand schieben. Übriges Öl im Bräter erhitzen und den Rehrücken darin auf jeder Seite 4 Minuten anbraten. Mit Marinade und restlichem Wein ablöschen. Lorbeer und Zimt hinzufügen. Im Ofen etwa 15 Minuten rosa garen. Dann den Ofen ausschalten und das Fleisch 5 bis 8 Minuten mit geöffneter Ofentür ruhen lassen (optimale Kerntemperatur: 56 °C bis 58 °C).

4. Für die Pilzknödel eine kleine Schüssel mit Wasser füllen und Steinpilze 10 Minuten darin einweichen. Schalotte schälen und in Würfel schneiden. Butter in einer Pfanne erhitzen und Schalotte darin anbraten. Pilze in ein Sieb abgießen, ausdrücken und mit Schalottenwürfeln verrühren. Milch erwärmen und das Weißbrot darin einweichen. Ei dazugeben und Petersilie unterheben. Mit Salz würzen. Den Teig zu kleinen Knödeln formen. Dabei mit den Fingern eine Kuhle eindrücken, eine kleine Menge Pilzmasse hineingeben und Knödel mit etwas Teig verschließen. Wasser zum Kochen bringen und die Knödel etwa 10 Minuten in leicht siedendem Wasser ziehen lassen.

5. Für das Pflaumen-Chutney die Pflaumen waschen, halbieren und entsteinen. Schalotten schälen und in Würfel schneiden. Äpfel waschen, vierteln, entkernen und in kleine Würfel schneiden. Olivenöl in einem Topf erhitzen, Schalotten darin anbraten. Obst dazugeben. Zucker einstreuen und kurz karamellisieren. Mit Zimt und Essig aufkochen, 30 Minuten köcheln lassen, Zimt entfernen. Mit Salz und Cayennepfeffer würzen. Rehrücken tranchieren und mit Knödel, Sauce und Chutney anrichten.

Rehrücken mit Cranberrys und Rotkraut

1. Für den Rehrücken den Backofen auf 100 °C vorheizen. Die Rehrückenfilets waschen und trocken tupfen. Mit Salz, Pfeffer und Gewürzen einreiben. Das Butterschmalz in einer Pfanne erhitzen und das Filet rundum scharf anbraten. Rosmarin waschen, trocken schütteln und in eine ofenfeste Form legen. Das Filet daraufdlegen und im Ofen etwa 50 Minuten garen (optimale Kerntemperatur: 56 °C bis 58 °C).

2. Inzwischen die Cranberrys mit ¼ l Wasser, Zucker, Zimtpulver und Wein in einem kleinen Topf etwa 15 Minuten kochen. Bei Bedarf noch etwas Zucker dazugeben. In Gläser füllen und abkühlen lassen.

3. Für die Sauce Olivenöl in einem Topf erhitzen und das Tomatenmark darin bei starker Hitze anbraten. Die Knochen dazugeben und mitbraten. Gemüse putzen, schälen, in grobe Stücke schneiden und dazugeben. Petersilie waschen, trocken schütteln, Blättchen hacken und dazugeben. Je ½ l Wein und Gemüsebrühe angießen und 2 bis 3 Stunden köcheln lassen. Bei Bedarf noch Wein oder Brühe angießen. Die Sauce in ein Sieb abgießen, mit Salz und Pfeffer würzen. Auf die gewünschte Konsistenz einkochen lassen.

4. Für das Rotkraut Rotkohl putzen, harten Strunk entfernen. Kohl in feine Streifen schneiden. Zwiebel schälen und in Würfel schneiden. Butter in einem Topf erhitzen und Zwiebel darin anbraten. Kohl dazugeben und etwa 10 Minuten mitbraten. Wein, Brühe, Essig, Cranberrys, Zimtstange und Apfel dazugeben. Mit ½ TL Salz und Pfeffer würzen. Deckel auflegen und etwa 1 Stunde kochen.

5. Maroni über Kreuz einschneiden, 10 Minuten in kochendem Salzwasser garen und noch heiß schälen. Zum Rotkohl geben und mitgaren. Die Zimtstange entfernen. Bei Bedarf Flüssigkeit nachgießen. Nach 1 Stunde die Herdplatte ausschalten, Rotkohl abschmecken und noch etwas ziehen lassen.

6. Für den Stampf Kartoffeln und Sellerie schälen, waschen, in Würfel schneiden und in Salzwasser weich garen.

7. Die Ofentemperatur auf 200 °C erhöhen und das Rehfilet auf etwa 100 °C erhitzen. Herausnehmen und schräg anschneiden. Das Stampfgemüse in ein Sieb abgießen. Butter und Sahne dazugeben, Gemüse grob zerstampfen. Mit Salz, Pfeffer und 1 Prise Muskatnuss abschmecken. Alles auf Teller verteilen und servieren.

Zutaten für 5 Personen
Für den Rehrücken
1½ kg Rehrückenfilet
Salz // Pfeffer aus der Mühle
Gewürze nach Belieben
2 EL Butterschmalz
2 Zweige Rosmarin

Für die Cranberrys
250 g frische Cranberrys
2 EL Zucker // Zimtpulver
1 Schuss Rotwein

Für die Sauce
Olivenöl // ½ Tube Tomatenmark
ca. 500 g Rehknochen
1 Stange Lauch // 3 Möhren
¼ Sellerieknolle // 2 Zwiebeln
1 Knoblauchzehe
1 Bund Petersilie
600 ml Rotwein // 600 ml Gemüsebrühe
Salz // Pfeffer aus der Mühle

Für das Rotkraut
750 g Rotkohl
1 Zwiebel // 2 EL Butter
je 200 ml Rotwein und Gemüsebrühe
2 EL Rotweinessig // 2 EL Cranberrys
1 Zimtstange
1 geriebener Apfel
frisch geriebene Muskatnuss
Salz // Pfeffer aus der Mühle
1 Handvoll Maroni

Für den Kartoffel-Sellerie-Stampf
2 kg mehligkochende Kartoffeln
¾ Sellerieknolle
50 g flüssige Butter // 2 EL Sahne
Salz // Pfeffer aus der Mühle
frisch geriebene Muskatnuss

Die besten Desserts

Rhabarberkompott mit Zitroneneis

1. Für das Zitroneneis Milch, Puderzucker und Mascarpone verrühren. Den Zitronensaft unterrühren. Nach Belieben abgeriebene Zitronenschale hinzufügen. Alles gut verrühren und in einer Eismaschine etwa 60 Minuten gefrieren lassen.

2. Für das Rhabarberkompott den Rhabarber waschen, trocken tupfen, schälen und in Würfel schneiden. Zucker, Orangen- und Kirschsaft zusammen mit der Zimtstange in einem Topf aufkochen. Die Zimtstange entfernen, den Rhabarber hinzufügen und 5 bis 7 Minuten darin köcheln lassen. Darauf achten, dass der Rhabarber nicht verkocht.

3. Den Rhabarber herausnehmen, Speisestärke in die Flüssigkeit rühren, noch einmal aufkochen lassen, bis sie andickt, und dann vom Herd nehmen. Den Rhabarber wieder in den Topf geben. Das Kompott kühl stellen.

4. Zum Servieren das Kompott auf Schälchen verteilen, je 1 Kugel Zitroneneis daraufsetzen und mit Minzeblättern garnieren.

Zutaten für 5 Personen
Für das Zitroneneis
300 ml Milch
200 g Puderzucker
250 g Mascarpone
200 ml Zitronensaft
1 TL abgeriebene Schale von
    1 Bio-Zitrone (nach Belieben)
Minzeblätter zum Garnieren

Für das Rhabarberkompott
400 g Rhabarber
30 g brauner Zucker
125 ml Orangensaft
125 ml Kirschsaft
1 Zimtstange
1 TL Speisestärke

Außerdem
Eismaschine

Zitronen-Posset, gegrillte Pfirsiche, Mangopüree und Mandelkrokant

Zutaten für 5 Portionen
Für die Pfirsiche
4 große reife Pfirsiche
2 EL Zucker
2 EL Akazienhonig

Für das Mandelkrokant
200 g Mandelblättchen
50 g Zucker

Für das Mangopüree
2 reife Mangos
100 g Himbeeren
2 Zweige Minze zum Garnieren

Für das Zitronen-Posset
2 Eier
300 g Sahne
Saft und abgeriebene Schale von
  2 Bio-Zitronen
65 g feiner Zucker
3 EL Riesling
1 Päckchen Sahnesteif (nach
  Belieben)

1. Für die Pfirsiche den Backofen auf 150 °C (Umluft) vorheizen. Die Pfirsiche waschen, halbieren und jeweils den Stein entfernen. Ein Backblech mit Backpapier belegen. Den Zucker daraufstreuen und die Pfirsiche mit der Schnittseite nach unten darauflegen. Die Oberseite der Pfirsiche mit dem Akazienhonig bestreichen. Die Früchte im Ofen auf der mittleren Schiene 10 Minuten backen. Anschließend herausnehmen und die Haut von den Früchten lösen. (Wenn es schneller gehen soll, können Sie die Pfirsiche auch in einer Grillpfanne braten.)

2. Für das Mandelkrokant die Mandeln in einer Pfanne ohne Fett anrösten, mit Zucker bestreuen und karamellisieren. Zum Abkühlen nebeneinander ausbreiten, dann mit den Händen zerbröseln.

3. Für das Mangopüree die Mangos schälen, das Fruchtfleisch auf den flachen Seiten vom Stein schneiden und mit dem Stabmixer in einem hohen Rührbecher fein pürieren. Das Mangopüree durch ein Sieb streichen und kühl stellen.

4. Für das Zitronen-Posset die Eier trennen. Die Eiweiße zu Schnee schlagen und kühl stellen. Die Sahne mit dem Zitronensaft, dem Zucker und dem Wein verrühren und steif schlagen. Bei Bedarf Sahnesteif zugeben. Anschließend den Eischnee unterheben.

5. Das Zitronen-Posset mit den Pfirsichen, dem Mangopüree und den Himbeeren auf Tellern anrichten. Minze waschen, trocken schütteln, Blättchen abzupfen und das Püree damit garnieren. Etwas Zitronenschale daraufstreuen und Mandelkrokant darüberbröseln.

Litschigranita mit Ingwer auf Agar-Agar und Himbeermus

1. Für die Litschigranita 750 ml Wasser und den Zucker in einen Topf geben. Den Ingwer schälen und in Scheiben schneiden. Die Vanilleschote längs aufschneiden und das Mark herauskratzen.

2. Den Ingwer mit Vanilleschote und -mark, Zimt, Zitronen- und Orangenschale zum Zuckerwasser geben, bis knapp unter dem Siedepunkt erhitzen und etwa 10 Minuten ziehen lassen. Durch ein Sieb gießen und abkühlen lassen. Den Zitronen- und Orangensaft unterrühren.

3. Die Litschis mit Einlegesaft mit dem Stabmixer in einem hohen Rührbecher pürieren, durch ein Sieb passieren und mit dem Ingwer-sud verrühren. In einen Gefrierbehälter füllen und im Tiefkühlfach etwa 6 Stunden gefrieren lassen.

4. Für das Agar-Agar den Litschisaft bis knapp unter den Siede-punkt erhitzen, das Agar-Agar-Pulver, den Vanillezucker und den Zucker unterrühren. Die Flüssigkeit auf fünf Gläser verteilen und für mindestens 1 Stunde in den Kühlschrank stellen.

5. Die Himbeeren verlesen, waschen und trocken tupfen. Ein Drittel der Beeren mit Zucker pürieren und durch ein Sieb streichen. Das Beerenmus mit dem Zitronensaft und etwas Puderzucker abschmecken und mit den restlichen Himbeeren mischen.

6. Die Himbeeren auf dem Agar-Agar verteilen. Die Granita mit einem Löffel fein abschaben und auf den Himbeeren anrichten. Mit Minze garnieren.

Zutaten für 5 Personen
Für die Litschigranita
150 g Zucker
30 g Ingwer
½ Vanilleschote
1 Zimtsplitter
je 2 Streifen Bio-Zitronen- und
  Bio-Orangenschale
2½ EL Zitronensaft
1 EL Orangensaft
350 g Litschis (aus der Dose)
Minzeblättchen zum Garnieren

Für das Agar-Agar
200 ml Litschisaft
2–2½ g Agar-Agar
1 Päckchen Vanillezucker
50 g Zucker

Für das Himbeermus
400 g Himbeeren
50 g Zucker
1 TL Zitronensaft
Puderzucker

Gratinierte Erdbeeren mit Mandel-Sabayon

Zutaten für 5 Personen
10 Eigelb
50 g Zucker
20 g Mandelsirup
400 g Erdbeeren
50 g gehackte Pistazien

1. Die Eigelbe mit dem Zucker in einer Metallschüssel über dem heißen Wasserbad hellcremig aufschlagen. Den Mandelsirup in einem dünnen Strahl dazugießen.

2. Den Backofen auf 200 °C vorheizen. Die Erdbeeren waschen, putzen und trocken tupfen. Große Beeren halbieren. Die Erdbeeren in eine kleine ofenfeste Form füllen und die Eigelb-Zucker-Mandelsirup-Mischung unterheben.

3. Den Auflauf im Ofen etwa 15 Minuten überbacken. Herausnehmen, die Pistazien darüberstreuen und servieren.

Ratzfatz-Eis mit Tonka-Sabayon und Zitruskompott

1. Für das Eis die Hälfte der Erdbeeren, die Crème fraîche und die Sahne mit dem Stabmixer pürieren. Nach und nach die restlichen Erdbeeren hinzufügen und die Eismasse bis zum Servieren ins Tiefkühlfach stellen.

2. Für das Kompott den Zucker in einem Topf erhitzen und karamellisieren. Orangen- und Limettensaft einrühren und die Karamellmasse dicklich einkochen lassen. Den Topf vom Herd nehmen. Die Orangen so großzügig schälen, dass auch die weiße Haut mit entfernt wird. Die Filets zwischen den einzelnen Trennhäuten herausschneiden und mit in den Topf geben.

3. Für die Sabayon die Vanilleschote längs aufschneiden und das Mark herauskratzen. Den Zucker, die Eigelbe, das Vanillemark, den Wein und 1 Prise Tonkabohne in eine Metallschüssel geben und über dem heißen Wasserbad cremig schlagen.

4. Das Eis, die Sabayon und das Kompott auf einem Teller anrichten und mit einem schönen Dessertwein servieren.

Zutaten für 5 Personen
Für das Eis
500 g TK-Erdbeeren
150 g Crème fraîche
200 g Sahne

Für das Kompott
200 g Zucker
200 ml frisch gepresster Orangensaft
20 ml Limettensaft
4 Orangen

Für die Sabayon
1 Vanilleschote
100 g Zucker
5 Eigelb
150 ml Weißwein
frisch geriebene Tonkabohne

Birnen-Carpaccio mit Joghurt und kandierten Walnüssen

Zutaten für 5 Personen
2 EL Butter
100 g Walnusskerne
6 EL Honig
6 EL Birnengeist
6 EL Zitronensaft
125 ml Birkensaft (ersatzweise Orangensaft)
5 reife Birnen
400 g Naturjoghurt
4 EL Milch

1. Die Butter in einer Pfanne erhitzen. Die Walnusskerne und 3 EL Honig dazugeben, unter Rühren goldbraun karamellisieren und abkühlen lassen.

2. Den Birnengeist mit dem Zitronensaft, 2 EL Honig und dem Birkensaft verrühren. Die Birnen vierteln, schälen, dabei die Kerngehäuse entfernen. Die Birnenviertel mit dem Gemüsehobel in dünne Scheiben hobeln, sofort auf Tellern auslegen und mit der Sauce beträufeln.

3. Den Joghurt mit dem restlichen Honig und der Milch verrühren. Die Mischung über die Birnen träufeln. Die Walnüsse grob hacken und über das Birnen-Carpaccio streuen.

Pannacotta croccante

1. Für die Pannacotta croccante die Vanilleschote längs aufschneiden und das Mark herauskratzen. Die Schote und das Mark zusammen mit der Crème double, der Milch und dem Zucker in einem Topf langsam erhitzen. Den Topf vom Herd nehmen, kurz bevor die Masse zu kochen beginnt.

2. In einer kleinen Schüssel die Gelatineblätter in kaltem Wasser 10 Minuten einweichen. Die Gelatine mit den Händen ausdrücken und unter den heißen Milch-Mix rühren. Den Milch-Mix durch ein Sieb passieren, auf fünf Förmchen verteilen und abkühlen lassen.

3. Die Pannacotta mindestens 5 Stunden in den Kühlschrank stellen, bis die Masse fest ist.

4. Für die Torta al cioccolato die Eier trennen und die Eigelbe mit dem Zucker schaumig schlagen, bis die Masse weißlich wird. Die Schokolade hacken und mit der Butter in einer Metallschüssel über dem heißen Wasserbad unter Rühren schmelzen und etwas abkühlen lassen.

5. Den Backofen auf 160 °C vorheizen. Die Eiweiße zu steifem Schnee schlagen. Die Schokoladenbutter und das Mehl unter die Eigelbmasse rühren und den Eischnee unterheben. Den Teig in fünf gebutterte und gemehlte oder gezuckerte Förmchen füllen und im Ofen 40 Minuten backen.

6. Für die Kirsch-Ingwer-Sauce den Ingwer mit der Butter in einem Topf andünsten. Die Kirschen mit dem Saft dazugeben und 15 Minuten bei mittlerer Hitze dicklich einkochen. Die Kirschen vom Herd nehmen und mit dem Stabmixer pürieren.

7. Die Kirsch-Ingwer-Sauce auf Teller verteilen, jeweils 1 Torta al cioccolato vorsichtig darauf stürzen und mit der Pannacotta croccante servieren.

Zutaten für 5 Personen
Für die Pannacotta croccante
1 Vanilleschote
750 g Crème double
140 ml Milch
100 g Zucker
2 Blatt Gelatine

Für die Torta al cioccolato
4 Eier
200 g Zucker
200 g Zartbitterschokolade
100 g Butter
2 EL Mehl
1 EL Butter und Mehl oder Zucker
   für die Form

Für die Kirsch-Ingwer-Sauce
1 EL gehackter Ingwer
1 TL Butter
1 Glas Schattenmorellen

Safranmilchreis mit Apfel-Mango-Kompott

1. Die Milch mit den Safranfäden und 1 Prise Salz in einen Topf geben und zum Kochen bringen. Den Milchreis hinzufügen. Kurz aufkochen lassen. Den Topf vom Herd nehmen, in eine dicke Decke wickeln und den Reis etwa 1½ Stunden quellen lassen.

2. Die Mango schälen, das Fruchtfleisch auf den flachen Seiten vom Stein und in etwa 1 cm große Würfel schneiden. Die Äpfel waschen, schälen und vierteln, dabei die Kerngehäuse entfernen. Die Apfelviertel ebenfalls in 1 cm große Würfel schneiden.

3. Die Butter in einer Pfanne erhitzen und die Mango- und Apfelwürfel darin kurz andünsten. Den Zucker in die Pfanne streuen und die Früchte damit karamellisieren. Mit Apfelsaft ablöschen und dicklich einkochen. Die Hälfte der Früchte herausnehmen und in einem hohen Rührbecher mit dem Stabmixer pürieren.

4. Den fertigen Milchreis auf fünf Dessertschälchen verteilen, das Apfel-Mango-Mus darüberträufeln und die restlichen Obstwürfel darauf anrichten.

Zutaten für 5 Personen
1¼ l Milch
1 Döschen Safranfäden (0,1 g)
Salz
125 g Milchreis
1 Mango
2 Äpfel
1 EL Butter
1 EL Zucker
100 ml Apfelsaft

Digestif & Kaffee

Nach einem üppigen Menü kommt ein schöner Digestif gerade recht: Die hochprozentige Spirituose, im Volksmund auch „Verdauungsschnaps" genannt, dient dazu, den Magen zu schließen und genussvoll die Verdauung anzuregen. Diese Wirkung ist wissenschaftlich zwar nicht belegt, aber eines ist sicher: Ein edles Destillat verbreitet eine behagliche Atmosphäre, in der man wunderbar über den Geschmack philosophieren kann.

Weinbrände werden für mindestens sechs Monate im Eichenholzfass gelagert, was ihnen ihr unverwechselbares Bouquet sowie die klassische goldbraune Farbe verleiht. Weinbrand wird nach einem delikaten Menü auf Eis gereicht.

Grappa: Bei dem italienischen Digestifklassiker handelt es sich um ein Destillat aus vergorenem und gebranntem Weintrester. Trester sind die Reste, die nach dem Pressen der Weintrauben übrig bleiben, also Stiele, Schalen und Kerne. Grappa wird häufig aus Rebsorten wie Gewürztraminer, Moscato und Nebbiolo gebrannt. Grappa rundet vor allem italienisch inspirierte, mediterrane Menüs perfekt ab. Er wird in typischen Gläsern bei Zimmertemperatur serviert.

Obstler: Die klaren Destillate zeichnen sich durch einen leicht fruchtigen Geschmack aus. Für Obstler eignen sich viele Sorten, die oft von Streuobstwiesen stammen. Am beliebtesten sind neben der bekannten Williams Birne Kirschgeist, Apfel- oder Pflaumenschnaps. Obstler wird bei Zimmertemperatur serviert und rundet als Digestif ein traditionelles, regionales Mahl ab.

Klare Schnäpse sind etwas für echte Männer, können aber auch als Digestif gereicht werden. Wodka und Aquavit haben wie Obstler eine klare Farbe, sind aber wesentlich schärfer im Geschmack, weniger fruchtig. Wodka kann aus verschiedenen Rohstoffen gewonnen werden. Am gängigsten sind Getreide und Kartoffeln. Als Digestif wird Wodka gekühlt auf Eis gereicht. Aquavit ist ein hochprozentiges Destillat aus Skandinavien. Nach dem Destillieren wird Aquavit mit Wasser, Kümmel, Dillsamen und einer spezifischen Gewürzmischung versetzt – getrunken wird er eiskalt.

Kräuterbitter: Kräuterbitter oder Magenbitter zeichnen sich durch den typisch bitteren Geschmack aus. Aufgrund des meist hohen Zuckergehalts zählen viele Kräuterbitter zu den Likören. Bekannt sind die italienischen Kräuterliköre Ramazzotti und Averna, die gerne mit Eis und Zitrone serviert werden.

Liköre: Bei Likören handelt es sich um Spirituosen, die viel Zucker enthalten und dementsprechend süß schmecken. Gereicht werden sie bei Zimmertemperatur in typischen langstieligen Gläsern. Mit einem Alkoholgehalt bis 40 Volumenprozent können sie ziemliche Schwergewichte sein. Liköre werden aus den unterschiedlichsten Grundstoffen angesetzt. Am gängigsten sind Beerenliköre wie Johannis- oder Holunderbeeren, aber auch Liköre aus heimischem Obst wie Pflaume, Birne oder Quitte und exotischen Früchten wie Orangen und Limetten („Limoncello") sind häufig anzutreffen. Es gibt aber auch Spezialitäten aus Rosenblüten, Kräutern oder sogar Bier. Darüber hinaus gibt es gehaltvolle Varianten mit Sahne, Karamell oder Schokolade. Liköre werden bei Zimmertemperatur serviert.

KAFFEE

Nicht jeder möchte ein Menü mit einem alkoholhaltigen Digestif beschließen. Ein feiner Kaffee ist da die perfekte Alternative. Wer keine Siebträgermaschine zu Hause hat, kann neuerdings auch wieder Filterkaffee servieren.

Espresso: Ein richtig guter Espresso ist intensiv und aromatisch. Er schmeckt nach Röstaromen und Schokolade, ein kleines bisschen bitter und auf jeden Fall herb und verwegen. Sein Markenzeichen: eine haselnussbraune, leicht marmorierte Crema.

Mokka: Türkischer Mokka ist eine orientalische Kaffeespezialität, die meist mit Zucker und Gewürzen verfeinert wird. Das extrafein gemahlene Kaffeepulver wird mit kaltem Wasser sowie nach Geschmack mit Zucker und Gewürzen angesetzt und langsam zum Kochen gebracht. Da das Getränk nicht durch einen Filter abgegossen wird, enthält es Schwebstoffe, die ihm seine typische sämige Textur verleihen.

Filterkaffee: Auf ganz traditionelle Art wird Kaffee mithilfe frisch gemahlener Bohnen, kochendem Wasser und einer Filtertüte zubereitet. So haben es unsere Großmütter gemacht. Eine Methode, die auch heute wieder viele Liebhaber findet. Sie ist nicht nur unkompliziert und preisgünstig, sondern ideal, um die Stärke des Kaffees den persönlichen Vorlieben und denen der Gäste anzupassen.

Zubereitungsarten: Ob Sie Ihren Gästen Espresso, Filterkaffee oder Mokka anbieten, hängt davon ab, über welche technische Ausstattung Sie verfügen. Liebhabern geht vermutlich nichts über ihre **Siebträgermaschine,** mit der sie echten italienischen Espresso mit Crema herstellen können. Wer es eher traditionell mag, füllt seine frisch gemahlenen Bohnen in einen schlichten **Kaffeefilter** aus Papier oder Porzellan und übergießt sie mit kochendem Wasser. Frankophile Kaffeefreunde verwenden zum Aufbrühen eine **Stempelkanne.** Wer selbst echten Mokka zubereiten möchte, braucht dazu eine spezielle Kanne aus Kupfer, den sogenannten **Ibrik.** Und alle, die Sehnsucht haben nach Sonne und Meer, packen ihr italienisches **Espressokännchen** aus, mit dem man aber eher einen starken Kaffee zubereitet – egal, auf das Gefühl kommt es an!

Kaffee & Milch: Puristen trinken ihren Espresso schwarz oder allenfalls gemischt mit einem Löffelchen Zucker. Viele mögen Kaffee aber mit einem cremigen Häubchen aus frisch aufgeschäumter Milch. Die Erfahrung zeigt, dass nicht jede Milch gleich gut schäumt. Ausschlaggebend dafür, wie gut Milch sich schäumen lässt, ist übrigens ihr Eiweißgehalt, der bei mindestens 3,5 Prozent liegen sollte, und nicht ihr Fettanteil, wie viele glauben. Weil Fett ein Geschmacksträger ist, entscheidet der Fettanteil der Milch aber darüber, wie gut sie schmeckt. Vollmilch mit einem Fettanteil von mindestens 3,8 Prozent ist voll und intensiv und rundet das Kaffeearoma harmonisch ab.

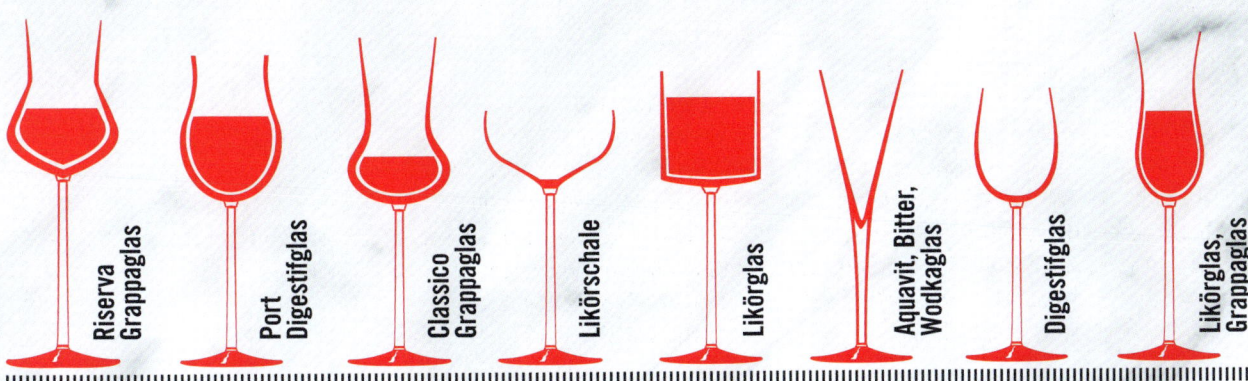

Riserva Grappaglas · Port Digestifglas · Classico Grappaglas · Likörschale · Likörglas · Aquavit, Bitter, Wodkaglas · Digestifglas · Likörglas, Grappaglas

Lebkuchenparfait auf Fruchtspiegel mit Schnee-Engel

1. Am Vortag für das Lebkuchenparfait die Sahne steif schlagen. Die Eier trennen. Die Eiweiße zu einem steifen Schnee schlagen. Die Eigelbe mit dem Zucker cremig schlagen.

2. Die Kuvertüre hacken und in einer Metallschüssel über dem heißen Wasserbad unter Rühren schmelzen. Die Kuvertüre zügig mit der Eigelbmasse verrühren. Den Lebkuchen in feine Würfel schneiden und mit 1 Prise Lebkuchengewürz hinzufügen. Eischnee und Sahne vorsichtig unterheben. Eine Kastenform mit Frischhaltefolie auslegen und die Masse einfüllen. Das Parfait über Nacht im Tiefkühlfach gefrieren lassen.

3. Am nächsten Tag für den Fruchtspiegel die Orangen so großzügig schälen, dass auch die weiße Haut mit entfernt wird. Die Filets zwischen den einzelnen Trennhäuten herausschneiden, den austretenden Saft auffangen.

4. Den Zucker in einem Topf karamellisieren, mit Wein ablöschen und etwas einkochen lassen. Orangensaft, Zimtpulver und Gewürznelke hinzufügen und aufkochen lassen. Die Speisestärke mit etwas Wasser glatt rühren und untermischen. Die Orangenfilets dazugeben und kühl stellen.

5. Für den Schnee-Engel die Eiweiße mit 1 Prise Salz und Zitronensaft in eine trockene, fettfreie Schüssel geben und zu einem steifen Schnee schlagen. Nach und nach unter ständigem Rühren den Zucker in die Eiweißmasse rieseln lassen.

6. Den Backofen auf 100 °C vorheizen. Die Baisermasse so lange weiterschlagen, bis sich der Zucker gelöst hat und eine feste, glänzende Creme entstanden ist. Die fertige Baisermasse mithilfe eines Spritzbeutels in Engelform auf ein mit Backpapier ausgelegtes Backblech spritzen und im Ofen 2½ Stunden trocknen lassen.

7. Das Lebkuchenparfait in Scheiben schneiden und auf einem Teller mit dem Fruchtspiegel anrichten. Mit Schnee-Engel garnieren.

Zutaten für 5 Personen
Für das Lebkuchenparfait
250 g Sahne
3 Eier
2 EL Zucker
100 g Zartbitterkuvertüre
1 Lebkuchen
Lebkuchengewürz

Für den Fruchtspiegel
5 Orangen
100 g Zucker
100 ml Weißwein
Zimtpulver
1 Gewürznelke
10 g Speisestärke

Für den Schnee-Engel
2 Eiweiß
Salz
einige Tropfen Zitronensaft
100 g feiner Zucker

Außerdem
Spritzbeutel

Nougatparfait
mit Orangen-Kumquat-Sauce

Zutaten für 5 Personen

1 Vanilleschote
3 Eigelb
80 g Zucker
2 EL Milch
100 g Nougat
500 g Sahne
2 Orangen
3 Kumquats
½ TL Puderzucker
2 cl Grand Marnier

1. Die Vanilleschote längs aufschneiden und das Mark herauskratzen. Die Eigelbe mit dem Zucker, der Milch und dem Vanillemark über dem heißen Wasserbad so lange schlagen, bis eine cremige, fast weiße Masse entsteht.

2. Das Nougat hacken und in einer zweiten Metallschüssel über dem heißen Wasserbad unter Rühren schmelzen. Das geschmolzene Nougat unter die Vanille-Ei-Masse rühren. Die Schüssel in ein kaltes Wasserbad stellen und die Masse kalt rühren.

3. Die Sahne steif schlagen und unterheben. Die Creme in Gefrierbehälter umfüllen und für mindestens 5 Stunden in das Tiefkühlfach stellen.

4. Eine Orange halbieren und auspressen. Die zweite Orange so großzügig schälen, dass auch die weiße Haut mit entfernt wird. Die Filets zwischen den einzelnen Trennwänden herausschneiden. Die Kumquats waschen und in Scheiben schneiden.

5. Den Puderzucker in einem Topf leicht karamellisieren, mit dem Orangensaft ablöschen und einkochen.

6. Die Kumquatscheiben und die Orangenfilets hinzufügen. Alles mit Grand Marnier flambieren und einkochen lassen, bis eine leicht dickflüssige Sauce entsteht. Das Nougatparfait mit der Orangen-Kumquat-Sauce auf einem Teller anrichten.

Schokoladenmousse mit Rhabarber und Erdbeeren

1. Den Rhabarber waschen, trocken tupfen und wenn nötig schälen. Die Rhabarberstangen in kleine Stücke schneiden. Ingwer schälen. Das Basilikum waschen, trocken schütteln und die Blätter abzupfen. Die Blätter in feine Streifen schneiden. Den Zucker in einer Pfanne unter ständigem Rühren bei starker Hitze karamellisieren und mit dem Likör ablöschen.

2. Die Hitze reduzieren. Rhabarberstücke, Ingwer und Vanilleschote in die Pfanne geben und darin unter Rühren 3 bis 4 Minuten andünsten, bis der Rhabarber bissfest ist. Den karamellisierten Rhabarber in eine Schüssel füllen, die Basilikumstreifen untermischen und das Kompott im Kühlschrank durchziehen lassen. Vanilleschote und Ingwer vor dem Servieren entfernen.

3. Inzwischen für die Schokoladenmousse die Sahne steif schlagen. Die Eier in eine Metallschüssel aufschlagen und über dem heißen Wasserbad weißcremig aufschlagen.

4. Die Schokolade sowie den Nougat hacken und in einer Metallschüssel über dem heißen Wasserbad unter Rühren schmelzen. Die geschmolzene Nougat-Schokolade unter die Eiercreme rühren, die steif geschlagene Sahne unterheben und bis zum Servieren im Kühlschrank kühl stellen.

5. Die Erdbeeren waschen, putzen und trocken tupfen. Große Beeren halbieren, kleine ganz lassen. Zum Servieren die Schokomousse mit dem Rhabarberkompott und den Erdbeeren anrichten. Mit Minze garnieren.

Zutaten für 5 Personen
Für das Rhabarberkompott
5 Stangen Rhabarber
1 walnussgroßes Stück Ingwer
3 Stiele Basilikum
2 EL Zucker
2 cl Likör 43
1 Vanilleschote

Für die Schokoladenmousse
200 g Sahne
4 Eier
150 g Zartbitterschokolade
50 g Nougat
250 g Erdbeeren

Außerdem
Minze zum Garnieren

TIPP: Smart gekocht
Die leckeren Schkololadenküchlein lassen sich hervorragend
vorbereiten und im Kühlschrank mehrere Tage aufbewahren.

Death by Chocolate

Zutaten für 5 Personen
Für das Eis
1 Vanilleschote
125 ml Milch
80 g Zucker
100 g weiße Schokolade
2 Eier
200 g Sahne

Für die Schokoküchlein
200 g Schokolade
200 g Butter
6 Eier
250 g Zucker
100 g Mehl
40 g Kakaopulver

Außerdem
Eismaschine

1. Für das Eis die Vanilleschote längs aufschneiden und das Mark herauskratzen. Milch, Vanillemark und Zucker in einen kleinen Topf geben und erhitzen. Die Schokolade hacken und unter Rühren in der Milch schmelzen lassen. Die Schokoladenmilch vom Herd nehmen und abkühlen lassen. Dabei gelegentlich umrühren.

2. Die Eier unter die abgekühlte Milch rühren. Die Sahne steif schlagen und unter die Masse rühren, bis sich alles gut verbunden hat. Die Schokoladeneismasse in die Eismaschine füllen. Nach etwa 40 Minuten Rühren (abhängig von der Eismaschine) in einen Gefrierbehälter umfüllen und bis zum Servieren ins Tiefkühlfach stellen.

3. Für die Schokoküchlein die Schokolade hacken und mit der Butter in einer Metallschüssel über dem heißen Wasserbad unter Rühren schmelzen. Anschließend mit den Eiern und dem Zucker cremig rühren. Das Mehl und das Kakaopulver nur kurz unterrühren.

4. Den Backofen auf 210 °C vorheizen. Den Teig gleichmäßig auf fünf gefettete ofenfeste Förmchen (à etwa 7 cm Durchmesser und 4 cm Höhe) verteilen. Die Schokoküchlein im Ofen 8 bis 10 Minuten backen.

5. Die Schokoküchlein aus dem Ofen nehmen. Aus dem Eis Kugeln ausstechen und zu den warmen oder kalten Schokoküchlein servieren.

Brombeertiramisu

1. Die Brombeeren verlesen, waschen und trocken tupfen. Etwa zwei Drittel der Brombeeren mit 40 g Puderzucker und 4 cl Orangenlikör fein pürieren. Die restlichen Brombeeren halbieren und beiseitestellen.

2. Mascarpone, Joghurt, den restlichen Puderzucker, das Vanillemark und den übrigen Orangenlikör mit den Quirlen des Handrührgeräts zu einer homogenen Masse verrühren. 150 g Sahne steif schlagen und vorsichtig unterheben.

3. Die Löffelbiskuits in kleine Stückchen brechen. Abwechselnd das Brombeerpüree, die halbierten Brombeeren, die Biskuits und die Mascarponemischung bis 2 mm unter den Rand in fünf kleine Einweckgläser schichten. Mit der Mascarponemischung abschließen. Mindestens 2 bis 3 Stunden kühl stellen und durchziehen lassen.

4. Die Schokolade hacken und in einer Metallschüssel über dem heißen Wasserbad unter Rühren schmelzen. Mit übriger Sahne, Chilipulver und Orangenschale verrühren.

5. Das Brombeertiramisu aus dem Kühlschrank nehmen und das Schokotopping auf der Mascarponecreme verteilen. Mit Kakaopulver bestäuben und mit je 1 gefrorenen Brombeere und 1 Mokkabohne garnieren.

Zutaten für 5 Personen

500 g Brombeeren
70 g Puderzucker
8 cl Orangenlikör
200 g Mascarpone
150 g Naturjoghurt
Mark von ½ Vanilleschote
180 g Sahne
200 g Löffelbiskuits
150 g Zartbitterschokolade
1 TL Chilipulver
abgeriebene Schale von 1 Bio-Orange
Kakaopulver
5 TK-Brombeeren
5 Mokkabohnen

Katalanisches Tiramisu

Zutaten für 5 Personen
2 Vanilleschoten
1 Bio-Orange
750 ml Milch
7 Eigelb
110 g brauner Zucker
5 EL Speisestärke
100 g Löffelbiskuits
120–170 ml Espresso
300 g gemischte Beeren
    (z. B. Himbeeren, Erdbeeren
    und Heidelbeeren)

Außerdem
Flambierbrenner

1. Die Vanilleschoten längs aufschneiden und das Mark herauskratzen. Die Orange waschen und trocken reiben. Von der Orange die Schale dünn abreiben. Die Frucht halbieren, den Saft auspressen und beiseitestellen. 400 ml Milch, die Eigelbe, 60 g Zucker, die Orangenschale und das Vanillemark vermischen und mit dem Stabmixer kurz pürieren. Die übrigen 350 ml Milch und die Speisestärke gut verrühren.

2. Die Eiermilch in einen Topf geben und unter Rühren leicht erhitzen. Die Stärkemilch unter Rühren dazugeben und alles einmal aufkochen lassen. Weitere 2 Minuten köcheln lassen, vom Herd nehmen und lauwarm abkühlen lassen. Dabei gelegentlich umrühren.

3. Inzwischen die Löffelbiskuits in Stücke brechen und auf fünf ofenfeste Förmchen verteilen. Den Espresso darüberträufeln. Die Beeren verlesen, waschen und trocken tupfen. Große Beeren halbieren oder vierteln. Zwei Drittel der Beeren auf den Löffelbiskuits verteilen. Die übrigen Beeren mit dem Orangensaft in einen hohen Rührbecher geben und mit dem Stabmixer pürieren. Das Püree portionsweise über die Beeren träufeln.

4. Die Eiercreme auf die Förmchen verteilen und vollständig abkühlen lassen. Vor dem Servieren den restlichen Zucker portionsweise auf der Creme verteilen und mit dem Flambierbrenner karamellisieren.

Kleine Panne? Keine Panik!

Die Suppe ist versalzen, der Pfannkuchenteig klumpt und der Milchreis ist angebrannt? Selbst erfahrenen Hobbyköchen bleiben solche Pannen nicht erspart. Kein Grund zur Panik! Mit ein paar Tricks lässt sich das Essen meist noch retten.

KLÜMPCHEN BESEITIGEN

Der Klassiker unter den Küchenpannen: Die **Gelatine** klumpt. Zum Glück lässt sich dieses Problem rasch beheben, indem Sie die Speise erneut über dem heißen Wasserbad erwärmen, bis sich die Klümpchen auflösen. Anschließend können Sie das Gericht einfach wie im Rezept beschrieben fertigstellen.

Klümpchen in Einbrennen und Kuchenteigen verschwinden wie von Zauberhand, wenn man den Teig einmal mit dem Pürierstab durchmixt.

HILFE, DAS ESSEN IST …

… ZU SALZIG

Oje, statt einer Prise haben Sie schwungvoll einen ganzen Esslöffel voll Salz oder die halbe Sojasauce ins Essen gekippt? Keine Sorge: Noch ist nicht alles verloren!

Rühren Sie jetzt ja nicht um, sondern löffeln Sie das überflüssige Salz stattdessen schnell von der Oberfläche. Schmeckt die Speise trotzdem zu salzig, können Sie zum Neutralisieren ein bis zwei Teelöffel **Honig** einrühren.

Die meisten Saucen und Cremesuppen lassen sich mit **Sahne** oder **Milch** strecken. Je nach persönlicher Vorliebe können Sie auch **Crème fraîche** oder **Sauerrahm** einrühren.

Und hier noch ein Tipp, wenn sonst nichts hilft: eine **rohe Kartoffel** schälen, in grobe Stücke schneiden, hinzufügen und Suppe oder Sauce zu Ende garen. Die Kartoffelstücke entziehen das überschüssige Salz – daher vor dem Servieren herausfischen und entsorgen.

Übrigens: Eine Handvoll gehackte **frische Kräuter** wie Petersilie, Basilikum oder bei asiatischen Speisen Koriander lenken zusätzlich vom Salzgeschmack ab.

… ZU SÜSS

Ist in die Cremespeise zu viel Zucker geraten oder ist das Salatdressing zu süß, hilft **Säure**. Rühren Sie einen Esslöffel Zitronensaft oder Apfelessig in die Speise. Auch ein trockener Weißwein oder Cognac hilft. Die enthaltene Säure bindet den überschüssigen Zucker und der Geschmack des Desserts wird angenehm abgerundet.

… ZU SCHARF

Treten Ihnen beim Kosten des Gerichts die Tränen in die Augen und Sie müssen nach Luft schnappen, ist das Essen wohl zu scharf geraten. Um Ihren Gästen diese Reaktionen zu ersparen, können Sie Folgendes versuchen:

Kombinieren Sie die Schärfe mit Süße: Je nach Gericht können Sie ein bis zwei Teelöffel **Honig,** **Fruchtgelee, Sirup** oder **Zucker** einrühren, um die Schärfe zu mildern. Auch süße Säfte wie Apfelsaft eignen sich.

Viele Menschen, die zu scharf gegessen haben, trinken direkt im Anschluss Milch. **Milchprodukte** können Schärfe tatsächlich neutralisieren – zum Beispiel in Form von Milch, Sahne, **Kokosmilch** oder Sauerrahm.

Stellen Sie Brot, Kokosmilch oder Sauerrahm auf dem Tisch bereit, damit Ihre Gäste die Schärfe nach ihren individuellen Bedürfnissen mildern können. Diese Maßnahme bietet sich vor allem bei scharfen Currys an: Indisches Fladenbrot wirkt dann wie eine authentische Beilage und kaschiert den „Fauxpas".

… ZU FAD

Ist das Gericht nicht genug gewürzt und schmeckt ein wenig nichtssagend? Mit diesen Zutaten können Sie Ihrem Essen den letzten Schliff verpassen!

Kräuter und Gewürze: Pfeffer, frisch gemahlene Muskatnuss und ein Hauch Piment bereichern fast jedes Gericht. Wenn Sie orientalisch kochen, darf es gern eine Extra-Prise Kreuzkümmel sein, der ein interessantes Aroma verleiht.

Gelee, Chutney und Konfitüre: Auch in scharfen oder würzigen Gerichten bildet ein Hauch Süße einen interessanten Kontrast zur vorherrschenden Geschmacksrichtung. Rühren Sie daher zum Schluss ruhig ein bis zwei Teelöffel Gelee, Chutney oder Konfitüre unter.

Zitrone, Orange, Limette, Ingwer: Fehlt es an Frische? Dann kommt der Saft von Zitrusfrüchten oder der Geschmack von frischem Ingwer gerade richtig. Auch abgeriebene Schale von Zitrone und Co. sorgt für ein geschmackliches Aha-Erlebnis.

Wein, Cognac, Rum: Alkoholische Getränke verleihen Saucen und Suppen eine elegante Würze. Setzen Sie diese aber zurückhaltend ein, damit sie die übrigen Aromen nicht überdecken! Kurzgebratenes, aber auch Desserts können Sie mit hochprozentigem Schnaps flambieren. Wer zum Würzen keinen Alkohol verwenden möchte, nimmt stattdessen einen Teelöffel Aceto balsamico oder Balsamico bianco.

ANGEBRANNTE SPEISEN RETTEN

Milchreis, Pudding oder Mehlschwitze: Diese Speisen neigen dazu, sich sofort am Topfboden anzulegen, sobald man nur einen Augenblick nicht aufpasst. Bei der Zubereitung daher vorsorglich die ganze Zeit rühren! Wenn doch einmal etwas anbrennt, ist Rühren allerdings die falsche Methode, weil man dadurch die angebrannten Klümpchen unter die Speise mischt. Besser ist es, Pudding und Co. in einen frischen Topf umzugießen und bei schwacher Hitze unter ständigem Rühren fertig zu kochen.

War der **Kuchen** zu lang im Ofen und ist dunkel und trocken geworden, versuchen Sie folgendes Rettungsmanöver: Lassen Sie den Kuchen zunächst 30 Minuten abkühlen, dann schneiden Sie die angebrannten Stellen mit einem Messer großzügig weg. Ist Gebäck angebrannt, können Sie die dunklen Stellen auch mit der feinen Seite der Rohkostreibe vorsichtig wegraspeln. Piken Sie mit einem Holzspieß in regelmäßigen Abständen kleine Löcher in die Oberfläche. Danach tränken Sie den Kuchen mit Obstsaft, Rum oder Likör. Sobald die Flüssigkeit eingezogen ist, können Sie den Kuchen mit Kuvertüre, Sahne oder Creme überziehen und damit die „Problemstellen" schmackhaft kaschieren.

Verbrannte Zwiebeln, Samen und zum Beispiel Pinienkerne sind nicht mehr zu retten. Sie gehören schlicht in den Abfalleimer und die Zutaten müssen noch einmal frisch zubereitet werden.

Auch wenn Sie von **Burgerpattys, Frikadellen oder Veggie-Bratlingen** die angebrannten Stellen entfernt haben und der Rest immer noch verbrannt schmeckt, helfen keine Rettungsversuche mehr. Dann ist es besser, alles noch einmal frisch zuzubereiten.

|||||||||||||||||||||||||||||||||||

Erste Hilfe für angebranntes Essen: nicht rühren, sondern umschütten und kräftig würzen!

|||||||||||||||||||||||||||||||||||

Summer Crumble mit Vanillesauce

1. Für den Crumble das Mehl mit Nüssen und 80 g Zucker vermischen. Die flüssige Butter dazugeben und alles mit der Hand zu Streuseln kneten. Kühl stellen.

2. Inzwischen für die Vanillesauce die Eigelbe in einer Schüssel schaumig schlagen. Die Vanilleschoten längs halbieren und das Mark herauskratzen.

3. In einem Topf Sahne, Milch, Zucker, das Vanillemark und die ausgekratzten Schoten unter Rühren aufkochen lassen. Ein Drittel der Milchmischung unter die Eimasse rühren. Dann alles langsam zurück in den Topf gießen und bei mittlerer Hitze so lange rühren, bis die Masse leicht andickt. Sofort vom Herd nehmen, durch ein feines Sieb abgießen und beiseitestellen.

4. Den Backofen auf 180 °C (Umluft) vorheizen. Die Heidelbeeren verlesen, waschen und trocken tupfen. Die Beeren mit übrigem Zucker und dem Orangenlikör mischen. In eine gefettete Auflaufform geben, mit den Streuseln bedecken und im Ofen etwa 35 Minuten backen. Mit der lauwarmen Vanillesauce servieren.

Zutaten für 5 Personen
Für den Crumble
230 g Mehl
75 g gehackte Haselnüsse
75 g gemahlene Haselnüsse
100 g Zucker
220 g flüssige Butter
1 kg Heidelbeeren
1 EL Orangenlikör
Fett für die Form

Für die Vanillesauce
6 Eigelb
2 Vanilleschoten
200 g Sahne
200 ml Milch
100 g Zucker

Leche frita mit Aprikosen und Himbeereis

Zutaten für 5 Personen
Für das Himbeereis
350 g Himbeeren
Saft von 1 Zitrone
200 g Mascarpone
150 g Zucker
100 g Sahne

Für die Leche frita
150 g Mehl
750 ml Milch
100 g Zucker
abgeriebene Schale von 1 Bio-
   Zitrone
2 Eigelb
Fett für die Form
1 Ei
100 g Paniermehl
Sonnenblumenöl zum Frittieren
3 TL Zimtzucker und
Puderzucker zum Bestäuben

Für die Aprikosen
10–12 Aprikosen
abgeriebene Schale und Saft von
   1 Bio-Zitrone
1 Vanilleschote
2–3 EL Honig

Außerdem
Eismaschine

1. Für das Eis die Himbeeren mit dem Zitronensaft in einem Topf erhitzen und 10 Minuten bei schwacher Hitze köcheln lassen. Die Himbeeren durch ein Sieb streichen und etwa 1 Stunde in den Kühlschrank stellen.

2. In einer Schüssel den Mascarpone mit dem Zucker zu einer cremigen Masse verrühren. Die kalte Himbeersauce untermischen und die Creme erneut 3 bis 4 Stunden kühl stellen.

3. Die Sahne steif schlagen und unter die Himbeercreme ziehen. Die Masse in die Eismaschine füllen und etwa 40 bis 50 Minuten gefrieren lassen. Das Eis in einen Gefrierbehälter umfüllen und weitere 2 Stunden in das Tiefkühlfach stellen.

4. Inzwischen für die Leche frita das Mehl in eine Schüssel füllen. Zwei Drittel der Milch unterrühren. Restliche Milch mit Zucker und Zitronenschale zum Kochen bringen. Die Milch-Mehl-Mischung unter ständigem Rühren dazugießen. Bei schwacher Hitze unter ständigem Rühren garen, bis eine dickliche Creme entstanden ist.

5. Die Creme weitere 10 Minuten bei schwacher Hitze garen, dabei immer wieder umrühren. Die Topf vom Herd nehmen, die Eigelbe einrühren und die Creme noch kurz kräftig aufschlagen.

6. Eine eckige Auflaufform leicht fetten und die Creme etwa 2 cm hoch einfüllen. Abkühlen lassen und mit Frischhaltefolie bedeckt mindestens 2 Stunden, am besten über Nacht, in den Kühlschrank stellen. Die Creme stürzen und in kleine Quadrate schneiden.

7. Das Ei in einem tiefen Teller verquirlen, einen zweiten mit dem Paniermehl füllen. Die Milchcremewürfel erst durch das Ei, dann durch das Paniermehl ziehen. Das Öl in einem Topf erhitzen und die Quadrate darin frittieren. Herausnehmen und auf Küchenpapier abtropfen lassen. Mit Zimtzucker und Puderzucker bestäuben.

8. Für die Aprikosen den Backofen auf 190 °C vorheizen. Die Aprikosen waschen, halbieren, entkernen und mit der Schnittfläche nach oben in eine Auflaufform legen. Die Zitronenschale darüber verteilen und den Zitronensaft darüberträufeln. Die Vanilleschote längs halbieren, das Mark herauskratzen und auf den Aprikosen verteilen. Den Honig und 2 EL kaltes Wasser verrühren und darübergießen. Die Aprikosen im Ofen auf der mittleren Schiene 20 bis 25 Minuten backen.

9. Die Aprikosen auf Teller verteilen und mit der Leche frita und dem Himbeereis anrichten.

Himbeerknödel mit Vanillesauce und Beerengelee

1. Für die Vanillesauce die Vanilleschote längs aufschneiden und das Mark herauskratzen. Die Milch und die Sahne mit dem Mark, der Vanilleschote, dem Zucker und 1 Prise Salz aufkochen lassen. Vanilleschote entfernen. Die Eigelbe in einer Metallschüssel über dem heißen Wasserbad schaumig schlagen. Die Eiermilch nach und nach unterrühren. Die Sauce vom Wasserbad nehmen, sobald sie andickt, und kalt rühren.

2. Für das Beerengelee in einer Schüssel die Gelatine in kaltem Wasser 10 Minuten einweichen. Den Holunderbeerensirup mit 100 ml Wasser, Zitronensaft und Beerensaft in einem Topf mischen und leicht erwärmen. Die Gelatineblätter mit den Händen gut ausdrücken und in die Saftmischung rühren. In eine Form füllen und im Kühlschrank mehrere Stunden kühl stellen.

3. Für die Knödel den Topfen mit dem Grieß, zerlassener Butter, Mehl, Salz, Zucker, Eigelben und Paniermehl zu einem festen Teig verkneten. Den Teig kühl stellen.

4. Inzwischen für die Mürbeteigbrösel die Butter in einer Pfanne erhitzen, Mehl und Zucker dazugeben und anrösten. Vom Herd nehmen und abkühlen lassen.

5. Aus dem Knödelteig 10 kleine Knödel formen. Je 1 Himbeere in die Mitte stecken. Einen großen Topf Wasser zum Kochen bringen, die Hitze reduzieren, die Knödel einlegen und im siedenden Wasser etwa 7 Minuten ziehen lassen. Das Wasser soll nicht mehr kochen.

6. Inzwischen die Teller mit der Vanillesauce und dem in Würfel geschnittenen Beerengelee vorbereiten. Die Knödel aus dem Wasser heben und abtropfen lassen. Dann in den Mürbeteigbröseln wälzen und heiß auf den Tellern mit Him- und Brombeeren anrichten.

Zutaten für 5 Personen
Für die Vanillesauce
1 Vanilleschote
300 ml Milch
400 g Sahne
200 g Zucker
Salz
7 Eigelb

Für das Beerengelee
5 Blatt Gelatine
200 ml Holunderbeerensirup
Zitronensaft
300 ml Beerensaft

Für die Knödel
500 g Topfen (Quark)
150 g Weichweizengrieß
100 g Butter
200 g Mehl
Salz
6 EL Zucker
4 Eigelb
50 g Paniermehl
2 Handvoll Himbeeren
1 Handvoll Brombeeren

Für die Mürbeteigbrösel
50 g Butter
200 g Mehl
100 g Zucker

Quarknockerl und rotes Apfelmus

Zutaten für 5 Personen
Für das Apfelmus
6 Pflaumen
3 Äpfel
1 Vanilleschote
150 g Zucker
1 EL Butter
1 Zimtstange
1 TL Zimtpulver
1 Sternanis

Für die Quarknockerl
50 g weiche Butter
60 g Zucker
400 g Magerquark
abgeriebene Schale von je 1 Bio-
   Orange und Bio-Limette
1 Ei
3 Eigelb
250 g Toastbrot ohne Rinde
Puderzucker zum Bestäuben

1. Für das Apfelmus die Pflaumen waschen, halbieren und entsteinen. Die Pflaumenhälften in Würfel schneiden. Die Äpfel waschen, vierteln und schälen, dabei die Kerngehäuse entfernen. Die Apfelviertel in Würfel schneiden. Die Vanilleschote längs aufschneiden und das Mark herauskratzen. Vanillemark beiseitelegen.

2. Den Zucker mit der Butter in einem Topf bei mittlerer Hitze karamellisieren. Dann Pflaumen, Äpfel, Zimtstange, Zimtpulver, Vanilleschote ohne Mark und Sternanis dazugeben. Den Deckel auflegen und bei mittlerer Hitze etwa 45 Minuten köcheln lassen. Gelegentlich umrühren. Warm halten.

3. Für die Quarknockerl Butter und Zucker mit den Quirlen des Handrührgeräts cremig aufschlagen. Den Quark in ein feines Tuch schlagen und gut auspressen. Quark, Orangen- und Limettenschale miteinander mischen. Buttercreme und Quarkmasse langsam mit den Quirlen des Handrührgeräts verrühren. Das Ei und die Eigelbe hinzufügen. Das Vanillemark ebenfalls unterrühren.

4. Das Toastbrot klein würfeln und langsam mit einem Rührlöffel unter die Masse heben. Die Masse mit angefeuchteten Händen zu Nocken formen. Die Nocken in einen mit etwas Wasser gefüllten Topf mit Dämpfeinsatz legen und etwa 12 Minuten bei geschlossenem Deckel dämpfen.

5. Die Nocken aus dem Topf nehmen und auf dem warmen roten Apfelmus anrichten. Mit Puderzucker bestäuben.

Mascarpone-Granatapfel-Törtchen

1. Für den Tortenboden den Backofen auf 180 °C vorheizen. Die weiche Butter mit den Quirlen des Handrührgeräts schaumig schlagen, abwechselnd die Eier und den Zucker unterrühren, bis ein cremiger Teig entstanden ist. Zum Schluss das Mehl und das Backpulver kurz unterrühren. Ein Backblech mit Backpapier auslegen, den Teig gleichmäßig darauf verstreichen und im Ofen 15 Minuten backen. Herausnehmen und abkühlen lassen. Mit einem Kreisausstecher 10 Kuchenkreise ausstechen.

2. Für die Mascarponecreme die Vanilleschote längs aufschneiden und das Mark herauskratzen. Den Mascarpone und die Sahne mit den Quirlen des Handrührgeräts verrühren. Vanillemark, Zucker sowie Zitronensaft und die Hälfte der Zitronenschale dazugeben. Die Mascarponemasse kühl stellen.

3. Für das Gelee die Granatäpfel entkernen. Die Kerne in einem kleinen Topf mit etwas Wasser aufkochen, bis ein roter Saft entsteht. Die Flüssigkeit nach Belieben zuckern. Etwas Agar-Agar-Pulver nach Packungsangabe dazugeben und 2 Minuten unter Rühren aufkochen, bis die Masse dickflüssig wird. Ein tiefes Backblech mit Backpapier auslegen, die Flüssigkeit daraufgießen und kühl stellen.

4. Mit dem Kuchen-Kreisausstecher aus dem festen Granatapfelgelee runde Stücke ausstechen. Auf 5 Kuchenkreise fingerdick Mascarponecreme streichen, je einen zweiten Kuchenkreis darauflegen und darauf das Granatapfelgelee setzen. Die restliche Mascarponecreme in einen Spritzbeutel mit Sterntülle füllen und auf jedes Törtchen zur Dekoration einen Tuff spritzen. Zuletzt restliche Zitronenschale darüberstreuen.

Zutaten für 5 Personen
Für den Tortenboden
100 g weiche Butter
5 Eier
160 g Zucker
160 g Mehl
1 TL Backpulver

Für die Mascarponecreme
1 Vanilleschote
500 g Mascarpone
200 g Sahne
50 g Zucker
Saft und abgeriebene Schale von
    1 Bio-Zitrone

Für das Granatapfelgelee
2 Granatäpfel
1 EL Zucker (nach Belieben)
Agar-Agar

Außerdem
Kreisausstecher
Spritzbeutel mit Sterntülle

Crème-Caramel-Tarte nach Paul Bocuse

Zutaten für 5 Personen
14 Eier
200 g Zucker
2 Vanilleschoten
1 l Milch
15 Stück Würfelzucker

1. Neun Eier trennen und die Eigelbe in eine große Rührschüssel geben. (Die 9 Eiweiße anderweitig verwenden.) 5 ganze Eier und den Zucker hinzufügen. Alles mit dem Schneebesen zu einer cremigen Masse aufschlagen. Die Vanilleschoten längs aufschneiden, das Mark herauskratzen und mit der Milch zur Eier-Zucker-Masse geben. Etwa 5 Minuten lang gut verrühren, beiseitestellen.

2. Eine ofenfeste runde Form bereitstellen. Den Backofen auf 150 °C vorheizen. Die Würfelzucker in einer Pfanne bei mittlerer Hitze unter ständigem Rühren goldbraun karamellisieren. Sobald die Karamellmasse Blasen wirft, diese langsam in die Form gießen, bis der Boden gleichmäßig bedeckt ist. Abkühlen lassen.

3. Sobald die Karamellmasse fest geworden ist, die Milch-Eier-Masse daraufgießen. Eine noch größere ofenfeste Form oder einen Topf (möglichst aus Edelstahl) mit Backpapier (bis fast zum Rand) auskleiden. Die Schüssel mit der Karamell-Milch-Eier-Masse in das Gefäß setzen und bis etwa 2 cm unter den Rand lauwarmes Wasser in den Zwischenraum gießen. Zwischen beiden Schüsseln müssen 1 bis 2 cm Abstand bestehen.

4. Die Ofentemperatur auf 180 °C erhöhen und die Milch-Eier-Masse im Wasserbad im Ofen etwa 2 Stunden stocken lassen. Wenn die Creme bei leichtem Fingerdruck in die Mitte fest bleibt, hat sie die richtige Konsistenz. Den Ofen ausschalten und die Creme darin 30 Minuten ruhen lassen.

5. Beide Formen aus dem Ofen nehmen und langsam bei Zimmertemperatur abkühlen lassen, bis sich die Form mit der Karamellcreme aus dem Wasserbad heben lässt. Die Karamellcreme bei Zimmertemperatur 8 bis 10 Stunden auskühlen lassen. (Nicht in den Kühlschrank stellen!)

6. Danach mit einem Teigschaber sehr vorsichtig den angebackenen Rand von der Form lösen. Die Karamellcreme auf eine Tortenplatte mit einem höheren Rand stürzen und servieren.

TIPP: Wow-Effekt
Wer mag, steckt zum Servieren eine brennende Tischfontäne in die Mitte der Torte und dekoriert die Torte mit Minzeblättchen.

Menüvorschläge für ein perfektes Dinner

So viel Auswahl, aber keine Idee für ein Motto? Dann lassen Sie sich einfach von den folgenden Menüvorschlägen inspirieren. Natürlich können Sie immer nach Lust und Laune einzelne Rezepte austauschen! Auf Nummer sicher gehen Sie, wenn Sie sich an den Jahreszeiten orientieren, dann werden Sie auch keinerlei Probleme haben, alle Zutaten zu bekommen. Diese Seite beginnt mit dem Covermenü: Hier sind der Knackpunkt die Zucchiniblüten, die nur von Juni bis Juli Saison haben – aber wenn Sie die im Einkaufskorb haben, steht dem Dinner nichts mehr im Weg, denn die anderen Zutaten gibt es ganzjährig. Gutes Gelingen!

Gefüllte Zucchiniblüten mit Minzcreme
// Seite 22

Mascarpone-
Granatapfel-Törtchen
// Seite 142

Entenbrust mit Kartoffel-Kürbis-Tarte
// Seite 72

Frühling

Der Salat bietet verblümte Überraschungen sowie Gesprächsstoff, bei den originellen Fächerkartoffeln wird bestimmt Nachschlag verlangt – und Erdbeeren zum Nachtisch liebt sowieso jedermann!

Eine optische Täuschung – wetten, dass Ihre Gäste nicht erraten, was für eine Suppe sie löffeln? Mediterran geht es weiter mit einem italienischen Klassiker und einem Dessert mit dem gewissen Etwas.

Weiße Tomatensuppe mit Basilikumschaum und Jakobsmuschel // Seite 41

Ossobuco an Safranrisotto // Seite 83

Himbeerknödel mit Vanillesauce und Beerengelee // Seite 138

Wem geht bei dieser Vorspeise nicht das Herz auf? Der Bauch freut sich danach auf den zarten Rehrücken, für ein Tiramisu ist aber natürlich immer noch Platz.

Ravioli mit Steinpilz-Ricotta-Füllung in Salbeibutter // Seite 52

Rehrücken mit Pilzknödeln // Seite 97

Brombeertiramisu // Seite 128

Winter

Jetzt wird's gemütlich, ein Süppchen wärmt Hände und Magen, um die Gäste dann mit einem USA-Klassiker und Schnee-Engel zu beglücken. New York City lässt grüßen!

Vegetarisch

Kokos, Kichererbsen, Spargel und Schokolade – mit diesen Zutaten landen Sie bei Ihren Gästen garantiert mindestens einen Volltreffer.

Lachsfilet mit Quinoa-Chia-Paprika und Sweet-Onion-Sauce // Seite 64

Ratzfatz-Eis mit Tonka-Sabayon und Zitruskompott // Seite 110

Exotisch

Jetzt wird's bunt: von Südamerika nach Afrika und ohne Umwege in die Tropen. Fruchtiger geht es nicht!

Hähnchenpralinen mit Mango-Papaya-Salsa und mariniertem Chicorée // Seite 34

Rindsragout in Erdnusssauce mit afrikanischem Gemüse // Seite 84

Litschigranita mit Ingwer auf Agar-Agar und Himbeermus // Seite 106

Einfach

Dieses Menü ist ein Selbstläufer: Pannacotta in Ruhe am Vortag vorbereiten und während das Huhn auf dem Herd schmort, ab und zu das Risotto umrühren. Kann jeder.

Rund um das perfekte Dinner

DER ANLASS

Eigentlich benötigt ein perfektes Dinner keinen Anlass. Um mit Freunden zusammenzusitzen und das Leben bei einem schönen Essen zu genießen, ist jeder Tag recht. Andererseits bieten Geburtstage, Jubiläen und andere Festlichkeiten wunderbare Gelegenheiten, den Kochlöffel für seine Lieben zu schwingen. Ein Thema erleichtert es zudem, den roten Faden zu behalten und dem Abend einen schönen Rahmen zu geben.

Die Jahreszeit
Am einfachsten ist es, wenn Sie sich bei der Menüplanung an der Jahreszeit orientieren. So können Sie sicher sein, dass Sie die benötigten Zutaten frisch und in hoher Qualität bekommen. Spargel und Erdbeeren also am besten fürs Frühlingsmenü, im Sommer gibt es Gemüse satt und im Herbst servieren Sie Kürbis und Muscheln. Im Winter freuen wir uns dann auf Feldsalat, Geflügel und exotisches Obst wie Orangen, Mandarinen, Mango und Co.

Ein Festtag
Klassiker wie Weihnachten, Ostern oder Valentinstag wecken bei den Gästen von vornherein bestimmte Assoziationen und Erwartungen, denen man als Gastgeber entsprechen kann - oder auch nicht. Gans zu Weihnachten? Lamm zu Ostern? Auch wenn die Hauptzutat traditionell erscheint, sind viele Variationen möglich. Überraschen Sie Ihre Gäste mit besonderen Beilagen und ungewöhnlichen Zubereitungsarten!

Vorlieben der Gäste
Sind Vegetarier oder Veganer unter den Gästen, sollte man bei der Speisenwahl auf diese Essgewohnheiten eingehen. Es gibt unzählige Gerichte, die ohne Fleisch und Fisch oder ganz ohne tierische Produkte auskommen und wunderbar schmecken. Eine tolle Gelegenheit, mal etwas Neues auszuprobieren! Denn wenn Gemüse die Hauptrolle spielen darf, zeigt es ungeahnte Qualitäten.

Ein besonderes Thema
Ob Fußball-WM, Kreuzberger Nächte oder italienischer Abend: Ein Motto gibt dem perfekten Dinner die inhaltliche Klammer und sorgt dafür, dass Sie sich wegen der Deko und des übrigen Drumherums keine grauen Haare wachsen lassen müssen.

Ein Love-Dinner
Sie wollen Ihre neue Flamme zum Candle-Light-Dinner einladen? Konzentrieren Sie sich auf unkomplizierte Gerichte, die nicht zu scharf sind, aber ruhig ein bisschen raffiniert sein dürfen. Für diesen Abend gilt: Finger weg vom Knoblauch! Die Deko sollte zurückhaltend, aber romantisch sein.

MILDE VOR WÜRZIGEN SPEISEN!
Die Menüfolge stellt idealerweise eine geschmackliche Steigerung von mild zu würzig und von zart zu kräftig dar. Der Gaumen kann sich so von Gang zu Gang auf die neuen Aromen einstellen. Serviert man dagegen mild nach würzig, schmeckt das nicht mehr fein, sondern eher fad - und das wäre ja sehr schade!

GEKOCHTES VOR GEBRATENEM!
Der Geschmack von gebratenen Speisen ist kräftiger als der von gekochten, gedämpften oder gedünsteten, allein schon wegen der Röstaromen. Es ist daher sinnvoll, Gebratenes erst nach Gekochtem zu servieren (siehe oben!).

FARBWECHSEL
Wechseln Sie helle mit dunklen Speisen ab und setzen Sie auch innerhalb eines Gangs farbliche Kontraste!

UNTERSCHIEDLICHE HAUPTZUTATEN
Damit die Speisenfolge interessant bleibt, sollte das Menü aus möglichst unterschiedlichen Zutaten bestehen. Wenn es Rehrücken als Hauptgang gibt, schmeckt ein Saiblingstatar als Vorspeise und als Dessert ein Brombeerparfait. Die inhaltliche Klammer bilden die saisonalen Zutaten, trotzdem ist für Abwechslung gesorgt.

HEISS UND KALT
Kombinieren Sie heiß und kalt. Servieren Sie zum Beispiel dampfende Ziegenkäsepäckchen mit kühlem Salat und einen Garnelenspieß vom Grill mit einer kalten Tomatensuppe.

PERFEKTE PAARE

Food Pairing ist ein relativ neuer Trend der Spitzengastronomie, der allmählich auch in die (Koch-)Werkstätten ambitionierter Hobbyköche schwappt. Die überraschenden Kombinationen sorgen auf dem Gaumen für perfekte Abwechslung!

Perfekte Paare – Food Pairing

Beim Food Paring werden mithilfe von Datenbanken und wissenschaftlichen Methoden Lebensmittelkombinationen erstellt, die nicht nur theoretisch harmonieren, sondern auch im Praxistest wunderbar passen.

Die Idee dahinter ist simpel und basiert auf der gleichen Annahme wie die Partnersuche auf Parship: Je mehr Aromen zwei Lebensmittel gemeinsam haben, desto besser passen sie auch zusammen. Weil es bei der Paarbildung ja ganz allgemein mehr auf den Charakter und weniger auf die Optik ankommt, finden sich auf diese Weise so ungleiche Partner wie Lachs und Lakritze oder Blumenkohl und Schokolade. „Das passt doch nie im Leben!", denkt man noch, beißt rein und ist sofort eines Besseren belehrt. Das heißt aber nicht, dass die besten Paare immer diejenigen sind, die die höchste Übereinstimmung aufweisen. Erst Kontraste und kleine Gegensätze machen die Mischung interessant und spannend.

Man ahnt es schon: Food Pairing ist eine Wissenschaft für sich. Mittlerweile gibt es für jedes Lebensmittel regelrechte Geschmacksstammbäume (siehe Bild rechts), an denen sich ablesen lässt, welche weiteren Zutaten als Partner infrage kommen. Je näher sich die entsprechenden Lebensmittel auf dem Geschmacksstammbaum stehen, desto harmonischer ist die Kombination.

Wunderbar, denn so bekommt man immer neue Inspirationen und der Lust an der Abwechslung steht auf lange Sicht nichts im Weg!

Optik

Schön ist es, wenn die Speisen auf dem Teller auch optisch interessante Reize bieten. Das funktioniert zum Beispiel über die Farbe: knallrote Cocktailtomaten, Paprika oder eine Mischung aus essbaren Blüten sehen neben grünem Salat oder Gemüse besonders hübsch aus. Bunte Zucchini, Tomaten, Möhren sind ebenfalls leckere Hingucker.

Auch die Form kann entscheiden: So kann man längliche und runde Gemüse kombinieren. Oder Sie pressen Reis, Püree oder Polenta mit kleinen Formen zu Sonnen, Sternen oder Blumen.

Richten Sie die einzelnen Komponenten auf dem Teller möglichst übersichtlich an, damit die Geschmäcker nicht ineinanderfließen.

Aromen

Versuchen Sie, mit den ausgewählten Speisen ein möglichst breites Aromenspektrum abzudecken: süß, sauer, salzig, scharf, bitter. All diese Geschmackseindrücke sollten im perfekten Dinner enthalten sein, damit die Geschmacksnerven beschäftigt sind. Überraschen Sie Ihre Gäste mit ungewohnten Kombinationen, zum Beispiel wie beim Food Pairing.

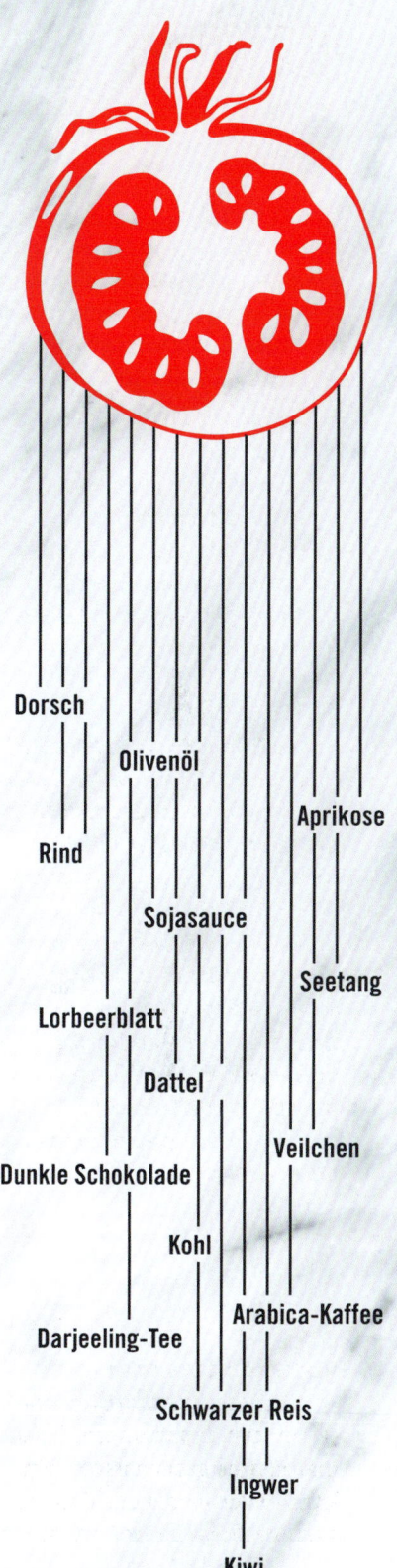

Dorsch
Olivenöl
Aprikose
Rind
Sojasauce
Seetang
Lorbeerblatt
Dattel
Veilchen
Dunkle Schokolade
Kohl
Arabica-Kaffee
Darjeeling-Tee
Schwarzer Reis
Ingwer
Kiwi

IM ZEITPLAN BLEIBEN

Smarte Menüs

Es lohnt sich, schon bei der Menüplanung ans Timing zu denken. Wie viele Stunden stehen Ihnen für die Vorbereitung zur Verfügung? Mit welchen Garzeiten müssen Sie rechnen? Wann soll das Dinner stattfinden? Smarte Menüs kombinieren Komponenten, die sich schon Wochen oder Tage zuvor zubereiten lassen, mit solchen, die erst kurz vor dem Servieren ganz frisch hergestellt werden.

Clever einkaufen

Teilen Sie den Einkauf in mehrere Schritte auf. Unverderbliche Grundzutaten wie Reis, Nudeln, Mehl, Polenta können Sie ebenso wie die Getränke schon ein bis zwei Wochen vor dem Dinner einkaufen.

Käse, Eier, Gemüse, Wurst und Fleisch lassen sich im Kühlschrank in den entsprechenden Fächern prima lagern und dürfen zwei bis drei Tage vor dem Dinner auf den Einkaufszettel. Am besten frisch vom Markt!

Brot, frische Kräuter, Fisch und Meeresfrüchte sollten Sie dagegen möglichst erst am Tag der Einladung kaufen, damit die Ware wirklich ganz frisch und qualitativ einwandfrei ist. Planen Sie Ihre Einkaufstour möglichst zeitsparend. Welche Geschäfte liegen auf einer Route?

TIPP: vorbestellen lohnt sich!

Geben Sie Ihrem Metzger, Geflügel- oder Fischhändler rechtzeitig zwei Wochen zuvor Bescheid, wenn Sie für Ihr Menü besondere Zutaten (z. B. Kalbsbeinscheiben, seltene Meeresfische oder Wildgeflügel) benötigen. So können Sie sicher sein, dass die Ware für Sie bereitliegt.

Bei einem gemeinsamen Gläschen und einem netten Plausch gehen die letzten Vorbereitungen rasch von der Hand.

WAS KANN MAN VORBEREITEN?

Planen Sie Ihr Menü so, dass Sie nicht alle Gänge frisch herstellen müssen. So haben Sie am Tag der Einladung viel Zeit für den perfekten Hauptgang.

1 bis 2 Wochen zuvor

Eiswürfel für Drinks
Fonds für Saucen und Suppen
Marmeladen
Chutneys
Gelees

Am Tag zuvor

Eisparfaits
Salate
Suppen
Terrinen
Kuchen und Törtchen
Getränke einkühlen

Am Tag der Einladung

Gemüse
Fleisch
Fisch
Eier- und Mehlspeisen
Eis

CHECKLISTE NICHT VERGESSEN!

Frische Kräuter, Eiswürfel, farblich passende Servietten - es sind die Kleinigkeiten, die ein Dinner perfekt machen. Mit unserer Checkliste vergessen Sie garantiert keine davon.

☐ Die Gäste rechtzeitig einladen: Bitten Sie Ihre Gäste zwei bis drei Wochen zuvor, sich den Abend für das Dinner frei zu halten.

☐ Überprüfen Sie den Grundvorrat: Salz, Pfeffer, Gewürze, Öl - ist alles in ausreichenden Mengen vorhanden?

☐ Brauchen Sie spezielles Zubehör wie eine Austernzange, Fischbesteck oder Brennpaste fürs Rechaud?

☐ Haben Sie genug Teller, Salatschüsseln etc. für die Anzahl Ihrer Gäste?

☐ Getränkefolge rechtzeitig überlegen und in der Vorwoche einkaufen.

☐ Kühlen Sie rechtzeitig die Getränke ein, damit alles mit der richtigen Temperatur auf den Tisch kommt.

☐ Welche Musik soll im Hintergrund laufen? Stellen Sie eine passende Playlist zusammen, die drei bis vier Stunden laufen kann.

WELCHE MENGEN BENÖTIGE ICH?

PORTIONSGRÖSSEN FÜR SPEISEN

	Vorspeise	Hauptspeise	Beilage	Nachspeise
Klare Suppe	200 ml	400 ml		
Gebundene Suppe	150 ml	300 ml		
Blattsalat	80 g	180 g	100 g	
Tomaten-/Gurkensalat			150 g	
Fisch	80 g	150 g		
Fleisch	60 g	100 g		
Teigwaren		120 g	70 g	
Reis		100 g	70 g	
Polenta, Couscous			70 g	
Hülsenfrüchte		100 g	100 g	
Spargel		500 g	250 g	
Gemüse (roh, geputzt)		300 g	150 g	
Kartoffeln		200 g	150 g	
Sauce			100 ml	
Dessert (Cremes, Puddings, Flammeris, Eis)				150 g
Käse				75 g

DIE PORTIONEN RICHTIG BERECHNEN

Welche Mengen brauche ich? Diese bange Frage stellt sich jeder Küchenchef immer wieder – vor allem dann, wenn er eine größere Runde kulinarisch verwöhnen will. Eine Mengentabelle zur Orientierung ist da hilfreich. Natürlich handelt es sich bei den Angaben um Mittelwerte. Wie viel jeder isst, hängt nicht nur vom Gericht und von der Zubereitungsart ab, sondern ist auch höchst individuell. Zudem gilt: Je mehr Gänge es gibt, desto kleiner werden die Portionen. Fürs Dessert soll schließlich noch Platz sein.

GETRÄNKE

Eine Flasche Wein reicht ungefähr für 2 bis 3 Gäste. Wasser wird mit 1 ½ Flaschen pro Person gerechnet. Gibt es Bier, sollten Sie 2 bis 3 Flaschen pro Gast kalkulieren – je nachdem, ob es sich um 0,33-l- oder um 0,5-l-Flaschen handelt. Denken Sie auch an Aperitif (0,1 l pro Person) und Dessertwein (0,1 l pro Person), damit Sie Ihr Menü ebenso stilvoll eröffnen wie beschließen können. Damit Sie nicht auf dem Trockenen sitzen, ist es empfehlenswert, mindestens dreißig Prozent dazuzurechnen. Und: Getränke werden nicht schlecht. Im Zweifel können Sie das Depot auch noch zu anderen Gelegenheiten abbauen.

Register

ÜBER SENDNUNG UND TEILNEHMENDE

In der vom Fernsehsender VOX seit 2006 ausgestrahlten TV-Koch-Doku gewähren wöchentlich fünf ambitionierte Hobby-köchinnen und -köche Einblick in ihre Küchen und Kochkünste. Von Montag bis Freitag können Zuschauerinnen und Zu-schauer mitverfolgen, mit wie viel Leiden-schaft, aber auch Können, mit welch feinerm Gaumen sowie gutem Gespür für Zubereitungen und Aromenkombinatio-nen sich die Kandidatinnen und Kandi-daten überbieten. Pro Sendung wird eine Person beim Einkaufen, Vorbereiten, Dekorieren, Kochen und Bewirten der übrigen Teilnehmenden begleitet. Zwischendurch kommentieren diese die Menüwahl, den Abend und die Qualität des Gegessenen. Jeder Folge endet mit der Bewertung der Gastgeberin oder des Gastgebers, nach fünf Folgen steht fest, welche Hobbyköchin oder welcher Hobby-koch perfekte Gastgeber*innenqualitäten bewiesen und die Wochenchallenge gewonnen hat.

IMPRESSUM

Hinter jedem tollen Buch steckt ein starkes Team

Projektleitung: *Ines Alms*
Texte: *Margarethe Brunner, Ines Alms*
Lektorat: *Margarethe Brunner*
Redaktionelle Mitarbeit: *Eva Steinhauser*
Grafisches Konzept und Gestaltung: *Irene Schulz*
Illustrationen: *Shutterstock, Irene Schulz*
Satz: *Catharina Burmester*
Fotografie: *Mathias Neubauer (andere siehe Bildnach-weis)*
Foodstyling: *Manuel Weyer (Culinary Art)*
Herstellung: *Frank Jansen*
Producing: *Jan Russok*
Druck & Bindung: *optimal media GmbH, Röbel*

© VOX Television 2018, vermarktet durch die IP Deutschland GmbH

6. Auflage 2024
© 2018 Edel Verlagsgruppe GmbH
Kaiserstraße 14 b
D–80801 München
ISBN: 978-3-89883-832-0

Weitere Bücher:

→ Das perfekte Dinner – Gemeinsam genießen: Alles für einen perfekten Dinnerabend
→ Das perfekte Dinner – einfach genial

BILDNACHWEIS

Stefan Ditner: 4; Wolfgang Schardt: 163; Eising Studio – Food Photo & Video: 161

FOOD FOTOS

Im Buch enthaltene Fotos können zur eigenen Nutzung erworben werden unter *www.stockfood.de*

LIEBE LESERINNEN, LIEBE LESER,

wie schön, dass Sie ein Buch von ZS in den Händen halten. „Jetzt leben!" ist das Motto unseres Verlages. Es steht für Genuss und Inspiration, Unterstützung und Motivation. Ob Kulinarik oder Fitness, Gesundheit oder Lebenshilfe — seit über 30 Jahren bieten wir kompetente Ratgeber für (fast) alle Lebenslagen. Wir lieben Tradition genauso wie Innovation — sie treiben uns an. Unsere Autorinnen und Autoren sind Menschen, die zu ihrem Thema wirklich etwas zu sagen und zu schreiben haben. Unsere Produkte sind erzählerisch, appetitmachend und als gedruckte Bücher haptisch echte Erlebnisse. Für Sie mit ganz viel Liebe gemacht! Entdecken Sie mehr aus unserer wunderbaren Welt!

UNSER VERLAGSHAUS

Mit Standorten in Hamburg und München zählt die Edel Verlagsgruppe zu den größten unabhängigen Buchanbietern Deutschlands. Zur Gruppe gehören die Verlage Dr. Oetker Verlag, Edel Sports, KARIBU und ZS.

ZS – Ein Verlag der Edel Verlagsgruppe
www.zsverlag.de
www.facebook.com/zsverlag
www.instagram.com/zsverlag

FÜR DIE UMWELT

ZS unterstützt bei der Produktion dieses Buches das Projekt „Junge Riesen für die nächsten 100 Jahre" im Naturpark Nossentiner/Schwinzer Heide. Damit wird ein Anteil der unvermeidbaren CO_2-Emissionen im direkten Umfeld des Produktionsstandortes kompensiert.

PARTNER
Naturpark
Nossentiner / Schwinzer Heide
www.optimal-media.com/naturschutzprojekt-001